创新者们的日本史

イノベーターたち
の日本史

[日] 米仓诚一郎　著

陈云　译

中国出版集团　东方出版中心

图书在版编目（CIP）数据

创新者们的日本史 /（日）米仓诚一郎著；陈云译
. —上海：东方出版中心，2020.2
ISBN 978-7-5473-1595-8

Ⅰ.①创… Ⅱ.①米… ②陈… Ⅲ.①日本 – 近代史
– 通俗读物 Ⅳ.①K313.409

中国版本图书馆CIP数据核字（2019）第300962号

上海市版权局著作权合同登记：图字09–2019–1125号

INNOVATOR TACHI NO NIHOSHI
By Seiichiro Yonekura
Copyright © 2017 Seiichiro Yonekura
All rights reserved.
Originally published in Japan by TOYO KEIZAI INC.
Chinese (in simplified character only) translation rights arranged with
TOYO KEIZAI INC., Japan
through THE SAKAI AGENCY and BARDON-CHINESE MEDIA AGENCY.

创新者们的日本史

著　　者　　［日］米仓诚一郎
译　　者　　陈　云
责任编辑　　李　琳
封面设计　　陈绿竞

出版发行　　东方出版中心
地　　址　　上海市仙霞路345号
邮政编码　　200336
电　　话　　021– 62417400
印刷者　　山东韵杰文化科技有限公司

开　　本　　710mm×1000mm　1/16
印　　张　　14.25
字　　数　　131千字
版　　次　　2020年4月第1版
印　　次　　2020年4月第1次印刷
定　　价　　48.00元

译　序

　　"一百个人眼中,有一百个哈姆雷特。"明治维新的样貌,也会因为历史学家的研究角度不同而不同——即使你身在其中,又何尝能了解历史的全貌呢? 历史是一头巨兽,你总是挂一漏万。学者的研究,首先,都是"观念的产物",其次,可以为巨兽的还原提供某一块缺失的拼图。这样的拼图越多,历史回馈我们的价值越大。

　　研究和阅读历史的意义,不在于"还原"(抽象意义上的"真实的历史"是不存在的),而在于你的解读(基于可触摸的资料)。

　　本书的作者米仓诚一郎教授是原日本一桥大学创新研究中心教授(现任法政大学教授、一桥大学名誉教授),专业领域是经营学、产业经济学和创新学。他选择了"创新者"这一视角,刻画了幕末至明治时期,日本各界精英的创新精神和取得的成就,回击了一个常识性的误解:"日本的成功,不过是对欧美的模仿而已。"——米仓教授认为:日本人是有创新力的;近代日本的成功,是"创新性回应"的结晶。

　　作者呼吁:"日本作为一个除了人之外,没有其他战略性资源的国家,应牢记教育立国这一宗旨。"

　　翻译完本书,感触良多,在此与读者诸君分享,也算是阅读本书的几条线索:

1. 人才与国体：日中近代史的比较

人才辈出，才能国运昌盛——这一点不难理解。然而，对于转型体制国家来说，如何才能人才辈出，却是一大难题。一般说来，旧体制会本能地压制新思想，使得真正的人才无法在体制内报效国家，实现制度的改良。

东亚和世界的关系，因为鸦片战争的爆发，不可避免地联结在了一起。这些外来冲击一方面激起了对外的民族主义情绪和抗争意识，同时也给国内带来了思想启蒙和政治变革的压力。只不过，在日本，维新势力占据了上风，他们主导了这场变革；而在中国，维新势力被保守势力压制，改革被严重拖延。其中值得一提的人物是李鸿章。李鸿章作为保守阵营内部的开明派，颇受列强的推崇，甚至希望"以李鸿章为帝"。[1]

李鸿章去世后 50 天，梁启超写就《李鸿章传》一书。书中是这么评价伊藤博文和李鸿章两人的："伊藤不才，然何其幸哉，能驻足日本之地，此乃立宪国之地，且举国人才辈出；李鸿章大才，然何其不幸，为政于中国之地，其乃绝对专制之地，故而有才而化无才，且举国人才，一遇专制，俱为奴才。"梁启超假借伊藤之口，认为：李鸿章能力或在伊藤博文之上，但伊藤博文幸运地生在日本，而李鸿章不幸生在清廷。

---

[1] 国际政界对李鸿章甚为称颂，俾斯麦、伊藤博文都给予他很高评价。同治去世无嗣，法国公使热福理就曾建议"不如李鸿章为帝"。庚子事变，列强对慈禧太后失望至极，八国联军统帅瓦德西也曾建议联军出动军舰，拥立李鸿章称帝，李鸿章"笑谢之"。不过，之前的"东南互保"定盟时确有密议，一旦慈禧太后、光绪均遭不测，东南各省即拥护李鸿章出任"伯理玺天德"（即 President，总统）。

两人若交换一下位置,伊藤博文未必干得比李鸿章出色。

历史无法推倒重来,然吾辈当事学习,方可避免重蹈覆辙。人才和国运息息相关,而人才能否辈出,取决于社会、经济、政治系统的合理化程度。这两者一旦形成良性循环,国运就会蒸蒸日上。这是日本在明治维新以后迅速崛起的奥秘。

2. 近代的觉醒:日本面对外部冲击的自觉、自省意识

日本是亚洲第一个走上工业化道路的国家。同时,通过明治维新,建立了君主立宪政体。总体上看,面对外部殖民主义的威胁,日本进行了灵敏的反应。

作者在第 1 章中比较了中日两国在面对鸦片战争这一变局时的不同反应,揭示了日本现代化成功的秘诀——面对外部世界的冲击,日本表现出了很高的“情报敏感性”;以此为基础,日本迅速调整了自己的世界认知,走上了制度变革的道路。

作者在比较了中日两国的反应后指出:发生在邻国中国的鸦片战争爆发后,日本迎来了“近代的觉醒”;而中国的觉醒,则要等到1894 年甲午战争之时。而且,那还只是中国知识分子的觉醒,并不包括朝廷和民众的觉醒。朝廷的觉醒,还要再等十年,即要等到 1904 年的日俄战争爆发以后。

关于日本人的自觉、自省意识,作者举了高岛秋帆的例子。第 1 章《近代的觉醒和高岛秋帆》,讲述了高岛秋帆这位几乎被淡忘了的人物的事迹。高岛秋帆是长崎的地方官员,也是幕末著名的炮术家。他利用“胁荷贸易”的便利,通过长崎港大量进口西洋武器,特别是大炮,

并加以仿造,然后转售给西南雄藩,推动了日本的军事现代化。一开始,他主张加强海防,用更先进的武器(特别是大炮)抵御外敌,是一个典型的"攘夷论"者。在经历十年牢狱之灾后,他冒死递交"外国贸易建议书"(永嘉上书),主张和平开国,以通商贸易来发展国家经济,壮大实力。从"武拒"变为"和平通商",高岛秋帆的这个 180 度的转身,完美诠释了幕末日本精英的自省能力。

尽管德川幕府一度犹豫不决,高岛秋帆、堀田正睦等人的和平开国主张最终被采纳。1853 年"黑船来航"事件发生后,日美双方签订了安政通商条约。日本得以避免浴血的殖民地战争,并在不久以后迎来了明治维新。

相比之下,在同时代的中国,好战派一直把持着"政治正确"的方向。在天朝固化的观念体系里,天不变,道亦不变——为蛮夷之流改变祖宗章法,损害了天朝的尊严,并且有丧失正统性的危险。

现代化的核心,是文化的现代化。而文化现代化的前提,是易于变革的社会、政治结构。日本的封建制、不算太大的国土面积以及海洋国家的特性等,培养了日本文化中的实用主义精神。这种实用主义精神,十分接近佛教的"破执"。求新求变,是日本文化的基因。

这种"破执"的例子,书中还有很多。比如,年轻时的弥太郎(三菱财阀的创始人)在狱中偶遇一位江湖人士。交谈中,弥太郎醒悟道:"像过去那样拘泥于习惯和虚礼末节,在身份、门第之类愚不可及的事情上角力,这种武士的生活,实在是愚蠢之极。"他下定决心,将来要在商业上一展身手(第 5 章第 3 节)。也就是说,武士制度鄙薄了他,他于是断然选择了割离,另寻新路。

3. 自我否定：明治政府"将革命进行到底"的断腕精神

明治新政权是一个充满矛盾的政权。明治维新不是一场体制外革命，而是体制内的维新。它的主导力量是处于封建制度末端的中下级武士，原则上是一场自我改良运动，与此同时，它也是一场"易主革命"（1868 年 1 月，爆发了持续一年半的戊辰战争）。明治维新具有双重性：它既具有资产阶级革命的色彩，同时又具有绝对王政的一面。

难点是：革命以后，该怎么办？明治维新的发生受到西方启蒙运动思想的影响，因而提出了"四民平等"的口号。因此，革命胜利后，它必须破除封建残余，也就是解体武士阶级，尽管它曾是维新的主力军，也必须壮士断腕，因为这是明治维新的"大义"之所在。否则，新政权对内、对外就会失去说服力，产生合法性危机。

与此同时，新政权还面临非常现实的困难：支付给士族（武士）的俸禄成为了巨大的财政负担，阻碍了日本财政制度和货币体制的重建，并影响到了新政府的对内、对外信誉。这一财政上的"不可承受之重"也是迫使新政府必须尽早"士族解体"的动因。

也就是说，随着现代化进程的开启，明治维新政权必须进行自我否定和更新。困难可想而知。下级士族是明治维新的推动者，如今却被不断剥夺特权和待遇，他们的不满在堆积。就在天皇眼皮子底下，西南雄藩爆发了"士族之乱"。"秩禄处分"无法按期在 1876 年（明治九年）前完成。

新政权意识到单方面废止家禄风险太大。他们想到的对策是"身份赎买"。具体做法是：发行一批附加利息的"金禄公债"，可以保证旧士族阶级有年利 7 分的收入。以此为条件,实施士族身份的解体。这是一个颇具创新性的政策设计。

为了描述明治政府面临的挑战和进取精神,作者选取了一位代表性的政治家:大隈重信。

第 2 章《维新官僚的创新性回应》,讲述了在维新后面临的困难的外交谈判中,曾经的爱国志士们是如何脱胎换骨,成长为国际化官僚的(不要忘记,他们原本高举的是"尊王攘夷"的旗号)。作者选择的不是萨摩、长州藩出身的志士(这两藩是倒幕的主力,因此,两藩出身者占据了新政府的中枢),而是在倒幕运动中并无出色表现的大隈重信(早稻田大学的创始人,后任日本第 8 任和第 17 任内阁总理大臣)。很明显,大隈在明治新政府中的崛起,不是因为倒幕的功劳,而是因为他在财政和外交上展示的才华。

在这里,我们可以大致概括出明治政府的若干先进性特点:第一,具有自我反省、必要时进行自我否定的精神。无论是士族解体政策,还是外交政策,都是重大的自我否定式的调整。第二,具有政治系统的开放性,不拘一格录用人才。当佐贺出身的大隈重信被萨摩出身的小松带刀提拔为外务省的二号人物(接班人)时,他和其他人一样,感到非常惊讶(第 2 章第 3 节)。

4. "发展型国家"的原型:"双重创新性回应"的智慧

本书涉及的"创新者群像"包括:最早的觉醒者(第 1 章)、政治精英(第 2、3 章)、企业家(第 4、5 章)。书的结构安排提示的正是"日本的现代化模式"的最大特点——官、产、学高度一体化。

从书中所举的例子中我们看到,这种"三位一体"直接体现在近代日本的各界精英身上——很多政治家本身也是企业家、学者;很多企业家,本是好学之士,也经常穿越到政界;同时,学者也可以轻松变身企业家和政治家。在近代日本,官、产、学三者之间的"旋转门"非常通畅,而各界精英也继承了"武士道"的传统:文武双修。

明治日本开创的这一发展模式,在日语中被称为"开发主义",在中国学界多用"发展型国家"这一概念。实际上,二战后陆续独立的民族国家都想实现赶超,都采取了各种经济发展手段(表现为"政府对市场的积极介入"),但是成功的例子很少。20 世纪 70 年代末,经济合作与发展组织曾推举了十个发展中国家和地区作为"优等生",即"十大新兴工业化经济体"。[1] 但到了 80 年代,其中的中南美洲各国债务缠身,增长乏力,硕果仅存的是我们熟知的"四小龙"(NIES)。

"四小龙"的发展模式实际上是对日本模式的模仿,核心是"产业政策"。

明治时期,日本迎来了第一次产业化热潮。在本书中,作者描述了明治时期日本的产业政策。突出的表现是"扶持财阀"(包括明治时期的"老财阀"和大正至昭和时期的"新财阀")。与此同时,大量民间企业也应运而生,它们不如财阀那么抢眼,却是新的经济生态系统的有机组成部分——在明治初期,代表性的存在是"士族授产企业"。

---

[1] 新兴工业化经济体是指那些在较短时间内克服了社会、经济的后进性,实现了快速工业化的国家和地区。1978 年,经济合作与发展组织将亚洲"四小龙"等 10 个国家和地区列为"新兴工业化国家(地区)",并在其 1979 年的《经济合作发展组织报告书》中首次提出"新兴工业化经济体"概念。

　　为了防止士族反叛,明治政府需要在"士族解体"过程中,给失去身份和职业的士族安排出路。海外出兵是一条路(1874 年出兵中国台湾、"征韩论"等),但更为根本的是,要给他们找到新的职业身份,那就是兴办企业,成为企业家和经营者。事实上,在这一时期,士族自身也因为被社会看成不劳而获阶级,而深感不平和耻辱,他们也急于投身国家建设,以重建自己的身份(第 4 章第 2 节)。

　　那么,如何做,才能让新政权摆脱财政上的"不可承受之重",同时也能让士族们完成身份重建?

　　面临这一挑战,维新官僚们显示出了超凡的创新性回应能力——这个过程是一个"双重创新性回应"的过程。首先,明治政府出于财政上和政治上的考量,决定通过"秩禄处分"解体士族,为此发行了金禄公债。接着,通过制定"国立银行条例"和"士族授产政策",把士族们向金融资本家、产业资本家的方向诱导——这是第一轮创新性回应,由政府完成。接下去,受政府政策的刺激,那些能够敏锐地抓住时代机遇的士族们开始着手进行第二轮创新性回应:他们华丽转身,成为了日本现代化以及日本资本主义的主角;其中的一部分,更是发展成为了举足轻重的财阀集团。

　　明治日本的这一案例给发展中国家提供了有益的经验借鉴:在后发国家的赶超中,产业政策的有效实施需要政府和民间的"政策接力"。政府和官僚进行的政策性、制度性创新属于"第一次创新性回应";而民间企业家的创业属于"第二次创新性回应"。也就是说,这是一个"双重创新性回应"的过程。

　　显然,难度系数是相当高的。在这个"殖产兴业"的大胆的计划里,政府的创新性政策和民间的产业主体缺一不可。这样的条件,不是所有发展中国家都具备的。

也许，我们必须说：明治日本的成功，原因在明治之前。

二战以后，日本的产业政策进入了一个新的阶段，"审议会制度"这一体现决策民主化、科学化的常设咨询机构，是一种新的创新性回应（这是译者的观点，略过不表）。

5. 书中配角们的精彩演绎

本书各章中正面出场的"创新者"们，在这里不再赘述。下面介绍几位非常重要的"配角"，有的多次出场，有的惊鸿一瞥。其实，他们是明治这场大戏里不可或缺的角色，感兴趣的读者可以另外找资料作延伸阅读：

启蒙思想家、教育家——福泽谕吉。中国读者熟悉的福泽谕吉没有正面登场，而是作为配角穿插在维新政府的"政斗"，以及和财界（特别是三菱财阀）的密切关系上。他创办的庆应义塾为日本政界、财界提供了大量人才。他的自传——《福泽谕吉自传》（商务印书馆，1996 年）写得十分坦率，语言也生动有趣，对于了解一个真实的福泽谕吉，以及幕府至明治时代的日本历史和社会，很有帮助。

"天使投资人"——涩泽荣一。日本将于 2024 年发行新版日元纸币，其中，1 万元日币的人物头像将从福泽谕吉变更为涩泽荣一。涩泽荣一有"日本资本主义之父"的美称，他在实业界、金融界进行了大量投资，构建了一个庞大的商业帝国。涩泽荣一将《论语》作为自己的经营哲学，著有《论语和算盘》（江西美术出版社，2010 年）一书，认为经营成功的秘诀在于：既精于打算，又坚守忠恕之道。在本书中，涩泽荣一也不是正面出场，但是分量很重。用今天的话来说，他的角色更像是一个"天使投资人"。他听取各种创意，并积极斡旋，动员各种力量来共同开创新事业，"助人梦想成真"。

"财阀经纪人"——井上馨。井上馨是明治时期赫赫有名的政治家。他是明治维新的九大元老之一，既是政治家，也是实业家。他在书中的表现十分抢眼。书中展现了他和经济界的密切关系——他是"武士会社"小野田水泥公司以及三井财阀的"政治上的天使投资人"。没有井上的扶持，小野田水泥和三井不可能在危机中生存下来（虽然，这些企业的创始人和继承者眼光锐利、能力超群）。通过井上馨，我们可以清楚地看到日本财阀的本质——政商粘连型共同体。

需要指出的是：这种政商粘连型共同体，并不单指某一企业和政治家的特殊粘连，它更重要的内涵是：明治政府在特殊时期对某些有能力的大企业的"战略性依靠"——扶持政策背后，有明治政府的国策要求。也就是说，财阀是"企业战略"和"国家战略"互惠互利的产物。当然，它也是一定历史发展阶段的产物：有定盟，就有解盟。并且，从长期来看，粘连越紧，对企业的潜在风险也越高——这也是三菱创始人岩崎弥太郎在痛定思痛之后得出的结论。在认识到这一点后，他决定"和政治保持距离"，并把它作为企业经营方针（第4章第3节）。

老财阀也好，新财阀也好，作者认为它们都是日本的"创新性组织"，肩负特定时期的使命——当时，日本作为后发国家，面临赶超的刚需（富国强兵），这就需要集约化地使用稀缺资源，财阀的存在具有合理性。确实如此。

不过，任何政策都有两面性，后发国家的悲剧，有的时候是因为太"无能"，有的时候则是因为太"有能"。日本理化学研究所在战争后期开始秘密研发核弹，成了战争助推器。日本走向了现代化的反面。

这是"工具理性"和"价值理性"背离的结果。暴露出日本明治维新以后的现代化的重心是"工具理性"，较少关注"价值理性"（这也是最难的部分。它是西欧社会在经历中世纪漫长的战乱后的领悟，最终体现在启蒙思想家的系列著作中。日本缺少这样的历史、地理环境和经历）。

"最后的武士"——西乡隆盛。西乡隆盛和木户孝允（桂小五郎）、大久保利通并称"维新三杰"。因为在倒幕维新运动和戊辰战争中的功勋，西乡在诸藩家臣中官位最高，受封最厚，官至参议和近卫军都督、陆军大将军。

东京上野公园中有一座西乡隆盛的雕像，西乡手牵爱犬，形象十分亲切，一旁的石碑上镌刻着西乡的格言"敬天爱人"。日本人普遍喜欢西乡隆盛。尤其是在他的家乡鹿儿岛（萨摩藩），人们称颂他义薄云天，而同乡的大久保利通则显得薄情寡义（士族解体的主要政策推手）。

在本书中，作者为大久保利通辩解，称大久保不是一般人理解的"薄情寡义"，而是理性沉着，他通过士族授产政策，给予了士族一个全新的社会身份。他的行为不能简单理解为"抛弃过去的战友"，反而体现了一种真正的"士族派"（第5章第3节）。

回过头来说，西乡隆盛成为日本的"国民偶像"，并不是因为他是维新功臣，而是因其人格魅力。西乡隆盛性格豪爽、生活节俭，对旧主和朋友十分忠义,在"维新三杰"中人气最高。梁启超崇拜他,日本的"经营之神"稻盛和夫把他的格言"敬天爱人"奉为圭臬。2003年美日合拍的电影《最后的武士》,讲的就是西乡隆盛的故事。2018年是明治维新150周年,日本放送协会(NHK)拍摄了大河剧《西乡殿》(殿[どん]是鹿尔岛方言,敬称)。该剧根据林真理子的同名小说改编,铃木亮平出演西乡隆盛。

西乡隆盛是争议人物,也是矛盾人物——他既是倒幕功臣,又是叛军首领。他同情维新以后中下级武士的处境,反对新政权"解体士族"的冷酷做法。再加上他的"征韩论"遭到大久保等的反对,愤而辞官返回鹿儿岛,兴办军政"私学校",后发动了反政府的武装叛乱(明治初期众多士族叛乱中,规模最大的一次,历时八个月),史称西南战争,1877年9月24日兵败而死。

"最后的武士"的含义,一是西乡隆盛逆时代潮流,固执地坚守他的忠义,身居高位,却要为旧武士阶级讨取公道;二是,西乡隆盛是一个"失败的英雄",虽败犹荣,人气不衰——他"永远活在人民心中"。日本的民调显示,即便西乡隆盛在西南战争中高举"反旗"对抗他参与创建的明治新政府(和天皇),很多人依然认为"大义在西乡一边"。

说实话,明治政府的"士族解体"政策应该是"大义所在",而西乡对袍泽的情谊应该只能算"小义"。只不过,对普通人来说,谁都不愿意成为被大义牺牲的那个人,同时,大义(公义)理应包含"小义"(私谊)。人们对西乡的念念不忘,实际上也是一种对公权力的重大提醒。

公权力也能理解这一点。1889年,天皇颁布诏书,撤销西乡隆盛的"叛乱"罪名,恢复名誉,追赠正三位。当年,明治政府在东京上野公园为西乡隆盛建起一座铜像,石碑上镌刻着西乡隆盛的格言"敬天爱人",称颂西乡隆盛为"代表日本的伟人"。

日本人对西乡隆盛的国民情感反映出日本文化的特点。第一,不以成败论英雄。日本人愿意亲近"失败的英雄",这可能是因为"失败的英雄"更能获得普通人的心理投射。第二,包容性。虽然天皇是至高无上的,但是反天皇(反政府)的西乡隆盛依然可以在国民情感中占据一席之地,这说明日本文化在深层次意义上,并不绝对和极端。第三,妥协精神。天皇和政府在文化含义上,与国民是一体的,这才有了日后对西乡隆盛的平反。

事实上,在倒幕过程中,我们也多次见证了这种妥协精神。比如,萨摩和长州这两个死敌的结盟,就是战略妥协。还有,讨幕军(萨摩、长州势力组成,总司令恰恰就是西乡隆盛)和德川幕府之间爆发戊辰战争后,讨幕军最后兵临江户城下。在幕府败局已定的情况下,讨幕军接受德川庆喜的议和请求,最终同意免德川庆喜一死,"辞官纳地"(离开江户居住,由国库拨付一定的薪俸。也就是去当"寓公",不再参与任何政治活动),实现了"江户无血开城"。

以上这些文化特性,让日本实现了"转型成本最小化"。日本的明治维新,是另一次"光荣革命"。

本书在翻译过程中得到很多人的支持和帮助。作者米仓诚一郎教授热情解答译者的问题,令人茅塞顿开。上海的友人杨澜帮助输入了原著的日文注释,加快了翻译进程。在此表示衷心的感谢!另外,为帮助中国读者更好地理解书中的某些内容,译者增加了若干夹注和脚注,这部分的文责由译者承担。

开卷有益。最后,祝大家在阅读中都有自己的探索与发现!

陈　云

复旦大学国际关系与公共事务学院

2019 年 10 月 7 日

中文版序言

19 世纪的亚洲,后发国家与在技术力、军事力方面占据绝对优势的欧美各国直接遭遇并对峙,既要保持国家的独立性,又要推动现代化,这绝非易事。当时的环境是,既没有现在这样高度的通信手段,也没有确保国家间平等的国际法。后发国家必须在这样的境况下,应对强制性不平等条约的签订和殖民地危机。没有足够的智慧和技巧,是难以克服这种危险的窘境的。本书的目的,是希望还原明治维新这段日本坚守独立、实现现代化的历程。

本书的关键词是熊彼特(Joseph Schumpeter,1883—1950)提出的"创新性回应"(creative response)。面对外部世界的变化,不是听天由命,而是积极进行"创新性回应"——这就是企业家精神(entrepreneurship),也就是创新。面对环境变化的压力,"哦,原来可以这样""啊,还可以这样",虽然出乎意料,却在情理之中。

用这样的视角回看明治,我们发现:在"尊王攘夷、锁国遵守"的喧嚣声中,高岛秋帆提出了"和平开国、通商"的主张;德川幕府一度犹豫不决,为了避免殖民地危机,也下了一番功夫,进行了一定程度的创新性回应。另外,后来被称为财阀的三井、三菱集团,一开始,它们并不拥有巨大的财力(资金力)——通过多样化地利用优秀人才的经营潜力,诞生了巨大的企业集团。

　　既要保持独立，又要迅速发展经济，用寻常的办法，难以做到。回顾明治这段历史，我们可以感受到明治人的创新力。不过，日本的选择并非总是正确的。日本后来也和欧美一样，对外采取了殖民扩张政策，给亚洲人民带去了苦难。这是事实，不能否定。另外，财阀也并不总是具有创新性的，作为"政商"，他们和国家权力之间的关系，剪不断，理还乱。

　　就在不久前，吉田彰获得了 2019 年诺贝尔化学奖。2000 年以后，日本人在化学、物理、医学生理学领域连续获奖，这个结果不是意外。将近 100 年前，企业家型的科学家（entrepreneurial scientist）高峰让吉活跃在日本和美国，他提出，日本必须重视基础研究。经过漫长的等待，这一努力在今天终于开花结果了。

　　为了摆脱对欧美技术的单纯模仿和依赖，高峰提议设立日本自己的研发机构——理化学研究所，并为此奔走。

　　关于设立理化学研究所的宗旨，高峰是这么解释的——他和当时一艘一两千万元造价的超级战舰进行了比较，说："无畏型战舰在国防上有用，但其势日衰一日，过了一定的年月，就成了废舰。投资研究所的话，最初可能见不到很大的成果，但会随着时间而进步。战舰成为废舰之时，研究所可能已经有了让世界震惊的大发明。"他预测到了今天日本的飞跃性发展。

　　遗憾的是，对此应该负起责任的日本政府现在财政赤字连连，对基础研究的投资无法增加。这是不负责任的做法。

　　本书从创新性回应的视角出发，对明治到大正、昭和时期的日本历史及其典型事例进行了梳理。当然，必须强调的是：并非只有日本人具有创新力，其他民族同样如此。他们在危机中展示了创新性回应，克服了海啸般汹涌而来的危机。我希望今天的日本年轻人能理解这些,所以写下了这本书。回顾各国的历史,只有能积极开展创新性回应者,才能有经济的发展和社会的进步。

我认为,就20世纪后半期到21世纪的"世界奇迹"来说,必须提到美国硅谷的影响力以及中国经济的高速发展。这两大奇迹也是创新性回应的结果。说到"硅谷的奇迹",纳斯达克市场(NASDAQ)的创建功不可没,它激励了知识产业化的创新实践,涌现了大量研发企业和优秀企业家。另外,硅谷也是"以大学为中心、集聚世界先端知识"这一制度创新的结果。

这一制度创新不是外生的。让斯坦福大学发生大变革的弗雷德·特曼(硅谷之父,斯坦福大学副校长)、发明了半导体的威廉·肖克利(1956年诺贝尔物理学奖得主)、创办了仙童半导体公司的罗伯特·诺伊斯和戈登·摩尔(两人都是英特尔创始人)……是他们的创新性回应,催生了硅谷的奇迹。同样,中国的奇迹,也是开展"改革开放"这一创新实践的结果。当然,课题依然很多。希望有人能从"创新性回应"的视角,把它生动地还原出来,这是我的期待。

米仓诚一郎

法政大学大学院教授、一桥大学名誉教授

2019年10月,台风过后的东京

前　言

　　"日本人没什么创新性"这样的话,大家经常听到。不光外国人,连日本人自己也这么说。有学者认为,日本的成就是对欧美的模仿。[1] 事实果真如此吗?

　　请大家想一想:日本作为一个远东岛国,有一两个具有世界竞争力的产业领域,就足够让人惊叹了。而事实是:日本拥有非常多、非常广的已经达到世界顶级水平的产业领域。无论是以纺织、杂货为代表的轻工业,以钢铁、造船、石化为代表的重化工业,以家电、汽车为代表的机械装备业,还是以计算机、半导体为代表的精密电子机械业,日本的国际竞争力都可傲视群雄。

　　日本的诺贝尔奖得主迄今已有 25 人,涉及科学、文学、和平等不同领域。获奖人数排在美国、英国、德国、法国、瑞典、瑞士之后,列世

---

[1]　埃德曼·菲尔普斯著,小坂惠理译:《现代为什么繁荣——从草根生长出来的创新》,蚯蚓书店 2016 年版,33 页(エドマンド·フェルプス『なぜ近代は繁栄したのか——草の根が生み出すイノベーション』、小坂恵理訳、みみず書房 2016 年、33 頁)。遗憾的是,这位诺贝尔经济学奖的得主也认为:"让我们来看 20 世纪 50 年代至 90 年代的日本经济高度成长。当时的日本被认为涌动着巨大的经济活力,但并未造就日本整体的高度现代化。现代经济数十年来的开拓性成就被引入到日本、加以模仿,偶发性地造就了繁荣。"尽管此书写得很好,但是这种武断的说法令人遗憾。被这样看待的日本,也挺可怜的。另外,分析日本的战后,视线只盯着 20 世纪 50 年代以后,这种短视实属可悲。

界第七。

日本文化也颇有人气。无论是传统文化中的能乐、歌舞伎、文乐、茶和禅、大相扑、浮世绘,还是现代文化的代表,比如漫画、动画、电玩等,都带有鲜明的日本特色,展现了日本的独创性。

这些成果不是战后突然冒出来的。日本文化艺术的繁荣可以追溯到平安时代。江户时代又有各种积累。就文化的现代性来说,明治时期具有特别的意义。

本书以"创新性回应"(creative response)为视角,回顾了明治至昭和初年的日本近代史。简言之,日本的现代化是日本在欧美先进国海啸般的外部冲击下,展开的一系列创新性回应的过程。

"创新性回应"一词来自有"创新之父"之称的奥地利学者约瑟夫·A·熊彼特。在写于1947年的小论文《经济史上的创新性回应》(*The Creative Response in Economic History*)中,他首次使用了这个词。[1]

我不是那种把熊彼特的话奉为金科玉律的熊彼特拥趸,也不是狂热的读者。他的英文表达修辞过多,有时会令人费解,他的理论也有矛盾之处。但不可否认,他使用的有些词具有穿透性的魔力,令人叹服。"创造性毁灭"(creative destruction)是一例,"创新性回应"也是如此。在小论文的开头,他这么写道:

经济史家和经济理论家们,如果愿意的话,请跟我一起踏上

---

[1] 熊彼特:《经济史上的创新性回应》,《经济史杂志》1947年第7卷第2号,149-159页(J. A. Schumpeter, *The Creative Response in Economic History*, *The Journal of Economic History*, Vol.7, No.2, 1947, pp.149-159)。

这个旅程,这是社会研究中一个意义深远的领域。我们将探索经济变迁问题,这方面至今乏人问津,令人悲哀。

作为历史学家的我一下子被吸引了。他接下去写道:"在这个还没有得到经济理论正面回应的领域,我们将发现:面对环境变化时,存在截然不同的应对。"

所谓"不同的应对",指的是:有的在惯性驱使下"顺应变化"(an adaptive response),而有的跳出现有框架进行"创新性回应"。熊彼特最后指出:"创新性回应的研究,本质上和企业家精神(entrepreneurship)的研究同属一类研究。"

对啊!

这篇文章犹如闪电划过夜空,令人如梦初醒——我迄今为止在做的事情,我今后想做的事情,一下子清晰了。

面临环境变化,不同国家、不同人的应对是不同的。这一点,无论是在日常生活中还是历史的大变革时期,都是如此。本书所关注的问题——19 世纪日本的开国和现代化,也可以从这种视角加以考察。而对企业家精神的研究,是记录这种差异的最好的方法。

当我们展开对明治维新的考察时,不得不惊诧于幕末到明治日本人杰出的回应能力。面对殖民化危险,德川幕府提出了"和平通商"的模糊策略。优柔寡断的德川封建体制最后被维新势力几乎兵不血刃地推翻。这情节,写小说也不过如此吧。

维新后,那些曾经对德川幕府喊出"尊王攘夷"口号的年轻志士们在和列强的交涉过程中,逐步成长为了具有国际视野的外交官和经济官僚。

不只如此。作为士族,他们既是倒幕的主体,却也是封建势力的一部分。在被有偿废除了阶级特权后，他们华丽转身，成为"殖产兴业"的推手，这个过程令人惊叹。

在实际的经营中，他们也展示了杰出的回应能力。

诞生于明治时期的财阀一般被看成是前近代性质的垄断企业。但是，和欧盟发达国家相比，那时的日本在经营资源的积累，特别是人力资源积累方面处于显著的劣势。因此，对优秀人才和智力资源进行多重利用是合理的选择。财阀是封建社会向现代社会转型过程中诞生的一种事业体，开展多种经营是它的特点。第一步，少数睿智的企业家巧妙地捕捉到了转型期的商业机会，接下去，想让商机变成真正的成功，还得仰仗创新性的企业经营和组织设计能力。

大正时期，日本出现了以知识为基础的新兴财阀，理化学研究所是其中的代表。它创造了一种被称为"康采恩"（德语：Konzern）的组织形式，以"知识创新"和"知识产业化"为手段。这无疑是一种新的组织形态。

需要强调的是，理研康采恩这样的组织形态不是在大正到昭和的产业转型（轻工业向重化工业转型）期中自然产生的，它是在一位具有企业家素质的科学人物——高峰让吉的倡导下设立的。

本书立足具体案例，回顾在近代史上，日本人是如何展现自身的创新性的。当然，本书并不认为只有日本人才具有某种"特殊的创新性"。除了日本人，美国人、意大利人、中国人、韩国人、孟加拉国人、肯尼亚人等全世界的人都一样，大家都具有创新潜力和创新的可能性。

自然，也不是所有的日本人都具有创新力。本书重点刻画了一批知己知彼，在时代的大潮中勇于开拓、勇于进行创新性回应的创新者群像。他们给社会带来了新的附加价值。

在本书中，"entrepreneur""entrepreneurship"和汉字的"企业家""企业家精神"有所不同。"entrepreneur"并不是指开办企业的人。借用熊彼特给出的定义，"entrepreneur"是"做新事，或者用新办法去做旧事情的人"，即创新的实践者。[1]　同样，"entrepreneurship"指的是这种企业家身上体现出来的能力和心力。[2]　相应地，在本书中，创新（innovation）一词也不是单指"技术革新"。

事实上，我很直接想 entrepreneur 这个英文外来语，它的含义是"创新的企划人"。如果必须要用汉字表达的话，我会用"企业家"或"企业家能力"作为对应词。

面对周遭巨变，日本近代的企业家们进行了怎样的创新性回应？让我们一起踏上这场新奇的旅行吧。

---

[1]　熊彼特对"entrepreneur"的定义："做新的事情或者用新的方法做旧的事情，即创新。"（simply the doing of new things or the doing of things that already being done in a new way[innovation]）

[2]　企业家和企业家能力，参见拙著《企业家和企业家能力——研究动向和今后的方针》，《社会学研究》1988 年第 50 卷第 1 号（「起業家及び企業家能力——研究動向と今後の方針」，『社会科学研究』50 卷 1 号）。

目录

*对史料的引用,为了便于阅读,原则上使用新字和现代假名。另外,有些地方改写为了合适的汉字,追加了标点符号和"送假名"。[1]

[1]　所谓送假名(送り仮名,okurigana),是指一个日语词汇之中,紧跟汉字后面(即所谓"送")的假名,用来指示前面汉字的词性或读音。——译者注

第 1 章

近代的觉醒和高岛秋帆

イノベーターたち
の日本史

说到近代日本的觉醒，影响最大的外部事件无疑是鸦片战争（1840—1842）。无论何种战争，要找出正当性并不容易，而鸦片战争是近代史上尤其缺乏正当性的一场战争。

　　印度产的鸦片出口中国，其收益用于购买茶叶等中国物产，然后再进口到英国——在这场三角贸易里，很难找到为战争作辩护的理由。

　　清政府禁止鸦片进口，对鸦片进行了扣押、销毁。英国以妨碍自由贸易为借口对中宣战，反过来要求清朝放弃锁国政策。清朝惨败，只能割地赔款。于是，广州、厦门、福州、宁波、上海开港，成为通商口岸。

　　对同样实施锁国政策的日本来说，这可不是哪个遥远国度发生的事情，而是邻国正在发生的现实。本章将回顾鸦片战争的经过以及战争对德川日本的影响。聚焦的问题是：处于锁国状态下的日本是如何收集这场战争的情报，又是如何分析和应对的？

　　鸦片战争给亚洲各国带来了殖民危机，日本该如何用"创新性回应"来化解？这是日本走向现代化的第一道考题。谈及那个时代日本的创新性回应，必须提到一个人，他就是已经在历史舞台上消失的高岛秋帆（1798—1866）。他是炮术家，也是贸易商，精通西方近代兵器。

他提出"和平通商"对策,化解了日本的殖民危机。其后,历经曲折,日本终于走向了独立和现代化。

1 英国的大英帝国建设和鸦片战争

英国的帝国野心——在哥伦布以后——随着大航海时代开辟的航路,首先到达北美。然后,以东印度公司为内核扩展到印度。1756年至1763年,英法爆发了七年战争,英军分别在北美、印度和法军交战,最终在北美攫取了加拿大,在印度驱逐了法国势力。19世纪初,在拿破仑战争中获胜的英国确立起海上霸权,大英帝国的格局基本形成。

围绕大英帝国的运营和建设,英国提出了"自由贸易"这一颇具大义名分的口号。"英国东印度公司"是现代股份制公司的源头,如公司名称所示,在17—18世纪,欧洲在亚洲最大的贸易对象国是印度。工业革命前,欧洲的纺织品主要是毛织物,从印度进口的棉纱因为质地轻盈大受欢迎。[1] 另外,因为当时没有冰箱,为保存肉类,需要各种调料;胡椒等香料成为欧洲人餐桌上的必备品。

就当时的技术来说,去印度的航路相当危险;但一旦成功,利润颇丰。因此,这是一项名副其实的高风险、高回报的投资。

英国通过贸易把印度置于经济支配之下,并彻底镇压印度的民族抵抗运动。19世纪以后,英国的对印贸易日益自由化,英国的机制棉

---

[1] 和毛织物相比,棉织物容易打理,在17世纪的新兴中产阶级中大受欢迎。参考拙著:《经营革命的结构》(『経営革命の構造』),岩波书店1999年。

织品大量流入印度。风靡一时的印度更纱[1]受到毁灭性打击,印度经济开始衰退。

而且,由于英国实施地税制,印度民众处于重税压迫之下。对重税和英国统治的反抗情绪急剧上升,1857 年,第一次印度独立战争[2]爆发。对此,英国军队进行了彻底镇压,印度的殖民地化进一步加深。

1877 年,印度莫卧儿帝国(Mughal Empire)消亡,英国女王兼任印度皇帝。作为英国领地的印度帝国诞生了。

和英国的印度统治并行的,是鸦片战争。鸦片战争的发端是因为中国政府没收鸦片,而英国反过来要求中国放弃锁国政策。英国和中国之间终于爆发了战争。这场战争的背景是前面提到的"印度、中国、英国间的三角贸易",英国试图通过它来实现对亚洲的经济统治。与此同时,中国知识分子对本国的殖民地化危险没有充分认知。

抱有中华思想,即认为自己是世界文明中心的中国统治阶层并不理解现代化的含义。而这一点——和现在的我们如何理解全球化一样——事关国运。

鸦片战争爆发的背景

中国的国际贸易,在乾隆朝的 1757 年以后,其交易据点限定在广州。从那时起,英国在广州几乎独占对中贸易。英国流行喝红茶,对茶叶的需求激增,英国东印度公司于是大量购买中国茶叶,进口到英国。

---

[1]　一种绘染棉布。——译者注
[2]　也称为印度雇佣军兵变、印度大叛乱。——译者注

麻烦的是,英国对中国的商品出口,由于销路不畅,总量微不足道。在 1810—1820 年的十年间,英国的对中贸易赤字达到 2 600 万美元。英国需要用白银来支付差额。根据中国方面的统计,19 世纪初,从广州流入中国的白银每年达到 100 万—400 万两。[1]

对英国来说,美国独立战争需要大笔军费,国内产业革命也需要大量资本,因此竭力遏制白银外流。为了减少白银流向中国,改善与中国间的贸易不均衡,英国把目光投向了印度产的鸦片。东印度公司在殖民地印度种植罂粟,加工成鸦片后向中国出口,用于抹消对中国的贸易赤字。

英国政府(准确地说,是印殖政府)和东印度公司着手构筑起这样一个贸易体系:进口中国茶到英国;把英国产的棉织品及工业品运往印度销售;再把印度产的鸦片卖给中国。这样就可以防止白银流出并从中获取巨大的经济利益。就这样,印度产的鸦片开始在中国泛滥。

再者,在英国本国推行贸易自由的形势下,1834 年,东印度公司的对中贸易垄断权被废止,英国商人无论是谁,都可以从事对中贸易了。也就是说,只要把鸦片销往中国,中国的茶叶等物产以及大量白银就可以到手。在巨大的利益诱惑下,对中国的鸦片贸易愈发猖獗了。此前流入中国的白银开始大量外流。

按最保守的估计,鸦片战争前的 20 年间,中国向英国流出的白银超过了 1 亿美元,相当于当时世界白银流通量的五分之一。年均流出

---

[1] 复旦大学历史系、上海师范大学历史系编:《中国近代史 1 鸦片战争和太平天国革命》(『中国近代史 1 アヘン戦争と太平天国革命』),三省堂 1981 年,3—4 页。

白银 500 万美元,相当于清政府年财政收入的十分之一。[1]

中国对印贸易发生逆转,清政府的财政急剧恶化。由于白银大量流出,银价高企,农民和工商业者的生活受到重创。清朝的纳税单位是白银,农民和工商业者实际到手的却是铜钱,为了纳税,他们必须把铜钱兑换成白银。由于鸦片流入造成白银大量流出,19 世纪 30 年代,中国国内的银价暴涨到两倍以上,农民的实际纳税额也涨到了两倍以上。

鸦片在全中国泛滥。为了遏制吸食鸦片的行为以及打击鸦片走私,从 18 世纪末开始,清政府多次发布禁令。但禁令之下,鸦片走私和买卖依然如故,进口量年年增加。1820 年,进口数量大约是一万箱(一箱大约 60 公斤),1830 年超过了三万箱,1833 年更是达到了四万箱以上。

对 19 世纪 30 年代的清政府而言,鸦片问题不但造成白银大量外流、压迫财政,还引发了腐败、堕落以及犯罪增加、治安恶化等一系列严重的社会问题。

鸦片战争的爆发

面对鸦片流入、白银流出的紧急事态,清政府内部分化为了对立的两派,一派主张弛缓,一派主张严禁。弛缓派认为禁绝鸦片十分困难,还不如解禁使之成为征税的对象。严禁派主张对吸食鸦片和贩卖

---

[1]　复旦大学历史系、上海师范大学历史系编:《中国近代史 1 鸦片战争和太平天国革命》(『中国近代史 1 アヘン戦争と太平天国革命』),三省堂 1981 年,18—19 页。英方认为:鸦片战争是清政府担心白银流出的一场反击战,没什么高深的道理。

鸦片者进行重罚,严格取缔。

弛缓派的急先锋是掌管祭祀和礼乐的大臣许乃济,他向清朝第八代皇帝道光帝(1820—1850 年在位)递交了放宽鸦片政策的建议。他主张把鸦片列为类似于药品的征税对象,同时,鸦片进口仅限于物物交换,以防白银外流。他认为官吏和士兵吸食鸦片必须禁止,对普通民众则没有必要。依据是,中国人口激增,由于吸食鸦片造成的早亡不足为虑。[1]

针对此种骇人听闻的言论,严禁派极力反对,要求立刻禁止鸦片。代表人物是掌管官邸礼仪的大臣黄爵滋。他上奏称,之前的鸦片取缔政策之所以没有成功,是因为官吏腐败。民众吸食鸦片须处重刑,官吏吸食鸦片须处死。

面对意见分歧,道光皇帝让各省总督二十八人传阅黄爵滋的奏书,征求意见。二十八名总督中赞成黄爵滋意见的只有八人,其余二十人皆赞成弛缓派的意见。这是一个令人惊讶的结果,也就是说,清政府内部几乎都是弛缓派。

对此等结果,林则徐(1785—1850)非常忧虑:"这个数字的含义,虽片刻不可忘也。"[2]在鸦片毒瘾和财政困难的双重压力下,道光皇帝的态度逐渐倒向"严禁派"。赞成黄爵滋意见的林则徐被任命为钦差大臣(特命大臣),全面负责鸦片走私的取缔。

---

[1] 复旦大学历史系、上海师范大学历史系编:《中国近代史 1 鸦片战争和太平天国革命》(『中国近代史 1 アヘン戦争と太平天国革命』),三省堂 1981 年,20—22 页。

[2] 参考:堀川哲男《中国人物丛书 Ⅱ 林则徐》(『中国人物丛书 Ⅱ 林则徐』),人物往来社 1966 年,11 页;《中国近代史 Ⅰ 鸦片战争和太平天国革命》,22 页。

林则徐的内忧外患

1785 年,林则徐降生在福建省侯官一个贫寒的教师家庭。他的父亲曾连续几年参加科举考试(中国的高级文官考试),后由于眼疾不得不中途退出,作为"岁贡生"在地方上谋得营生。"岁贡生"是指从那些通过了科举前阶段的学校考试,但没有通过正式考试且时间超过十年的人中挑选品学兼优者,担任教师之职。也就是说,岁贡生称得上是优秀人才,但从科举考试的角度看,他们又是落榜者,只能在家乡过贫寒的生活。[1]

为了实现父亲未了的夙愿,林则徐学习非常刻苦。1811 年,27 岁的林则徐参加科举考试合格,成为进士。在当时的中国,二十多岁即成为进士,相当罕见,林则徐的仕途一片光明。在清朝,想要出人头地,不单要科举考试合格,而且时间要早——二十多岁的时候就能考中进士,对仕途升迁来说,意义重大。比如,曾国藩在二十八岁时就成为进士,李鸿章是二十五岁,张之洞是二十七岁。

科举考试的最后阶段是殿试。林则徐在 237 名考生中脱颖而出,获得了第七名的好成绩。为此,林则徐留在了皇帝直属的秘书处——翰林院里,成为了一名"庶吉士"。三年后,林则徐通过"散馆考试",当上了相当于翰林院正式官吏的编修。[2]

殿试在北京故宫(紫禁城)正当中的建筑中进行。这个考试的第一等合格者称为庶吉士,第二等将成为中央政府的下级官员,第三等

---

[1] 堀川哲男:《中国人物丛书Ⅱ 林则徐》(『中国人物叢書Ⅱ 林則徐』),人物往来社 1966 年,34—35 页。

[2] 古代的翰林院是皇帝的秘书机构,也是国家重要的育才、储才之所。在清朝,翰林院编修官职品级为正七品,其上有学士、侍读等官职。——译者注

将派往地方任职。通过"散馆考试"的翰林院庶吉士，第一等成为编修，第二等成为中央政府的高级官员，第三等成为地方府县的高级官员。由此可知，林则徐是一个极其优秀的清朝官员。他的仕途，一开始就进入了快车道。

当了三年编修后，林则徐被派往地方任职，着手治理因为货币经济的渗透而疲态百出的农村，特别是水利问题。出于一向的正义感，他对清朝后期的腐败吏治毫不留情，重拳出击。林则徐在地方治理上的业绩传颂至今。他的禁烟对策，也是以地方官时代的经验为基础提出的。[1]

1837 年，林则徐担任湖广总督（相当于现在的湖北、湖南两省的地方长官）。当地鸦片蔓延，林则徐的打击措施取得了明显成效。如前所述，林则徐赞同黄爵滋的"鸦片严禁论"，并向皇帝提出根绝鸦片的建议。道光帝觉得林则徐所论逻辑严密，同时也赞许他治理地方的能力，第二年，任命林则徐为主管禁烟的钦差大臣。

1837 年，54 岁的林则徐到达广州。他逮捕中国烟贩，要求外国商人交出鸦片，签署誓约书，保证"今后不得携带鸦片进入清国"。1839 年 4 月到 5 月，英国、美国的商人陆续交出鸦片，数量达到惊人的 1 200 吨。

林则徐花了三周时间在公众面前公开焚烧鸦片。万众瞩目之中，超过 1 000 吨的鸦片化为了灰烬，对于英美商人来说，这意味着"最赚钱的生意"化为乌有。英国驻华商务总监查尔斯·义律把英国商人集中到船上待命，对林则徐的强硬措施提出了抗议。但是林则徐我行我素，决不让步。林则徐要求英商递交"誓约书"，否则将中止贸易。义

---

[1] 关于林则徐，参考：堀川哲男《中国人物丛书 Ⅱ 林则徐》(『中国人物叢書 Ⅱ 林则徐』)，人物往来社 1966 年。

律要求解除禁令,林则徐断然拒绝。

两者的对抗以及鸦片战争爆发前的具体情形,请参考别的文献。林则徐的苦恼是,他的敌人不只是英国政府和鸦片商人,还有在鸦片走私中获取巨额贿赂和回扣的腐败官吏以及中国买办们。清政府内部的弛缓派实际上是这个既得利益集团的一部分,也是他们的代言人,其中包括深受道光帝信任的首席军机大臣穆彰阿、直隶总督琦善。

林则徐的改革面临内忧外患。二十八名总督中,只有八名赞成严禁。林则徐为此感慨道:"这个数字的含义,虽片刻不可忘也。"这确实是值得忧虑的事态。

和清朝末期的官僚相比,日本的行政组织相当清廉。在美国海军提督马修·佩里的航行日记里,对于前来接触的日本武士,虽然对刻板的礼节和形式主义的对应有若干批评,但是完全没有收取贿赂、中饱私囊这样的记载。[1]

海因里希·谢尔曼访问过幕末日本,他留下的记述称,当时的日本人拥有难以用金钱收买的高度的伦理感。谢尔曼起先是个贸易商,成功后获得巨大财富,他把财富用于特洛伊古迹的发掘,是《古代的热情》[2]一书的作者。他在特洛伊发掘(1871)的六年前,曾在中国和幕末日本间旅行。在旅行日记里,他描写了从上海到横滨后,上岸接受检查的情景:

　　(日本的官吏)指示我打开行李接受检查。说实话,打开全部

---

[1]　马修·佩里著,土层乔雄、玉城肇译:《日本远征记(一)~(四)》(ペルリ『日本遠征記(一)~(四)』),岩波书店 1948—1955 年。

[2]　1873 年出版,中译本名为《特洛伊的古物》。——译者注

行李是件十分麻烦的事,为了获得通融,我给了两个官吏每人一分(2.5法郎)。然而这两人拍着自己的胸脯说:"我们是日本男儿……"拒绝接受这些钱。他们的意思是,作为堂堂日本男儿,履行好自己的职责,乃尊严之所在。[1]

关于当时的日本人品行高洁的记载,有很多。[2] 相比之下,参加过鸦片战争的英国海军提督约翰·布林格姆在著作里对清朝海军进行了这样的描写:

这些人(中国海军将官及其随从)收受贿赂是常态化的。一箱鸦片收取5至10美元。而且,他们要求英国船长提前扣除中国私烟贩子应该给予他们的贿赂。相较同胞,他们更愿意相信英国人。他们每月来一次,根据走私的箱数收取相应的贿赂。[3]

---

[1] 海因里希·谢尔曼著,石井和子译:《谢尔曼旅行记——中国和日本》(ハインリッヒ・シュリーマン『シュリーマン旅行記——清国・日本』),讲谈社学术文库1988年,78—79页。

[2] 比如,英国女性伊萨贝拉·伯德曾在明治时期的日本以及东南亚、中东等地旅行,她从另外一个侧面证实了日本人拥有高度的伦理感。"在欧洲的大多数国家,也包括我国的一些地方,人们普遍认为,女性身着外国服装,一个人旅行,即使没有现实的危险,也可能遭受无礼和侮辱,甚至不得不破财消灾。但是在日本,我一次也没遇到过无礼的待遇,也没有被迫支付法外的费用。"参考:渡边京二《消逝的世界的掠影》(『逝きし世の面影』),平凡社2005年,67页。

[3] 约翰·艾略特·布林厄姆著,米仓诚一郎译:《从战争爆发到1842年战争结束远征中国的故事:对这个奇特的、迄今不为人知的国家的风俗习惯的素描》第一卷,亨利·科尔本出版社1843年,第6页(John Elliot Bringham, Narrative of the Expedition to China from the Commencement of the War to Its Termination in 1842: With Sketches of the Manners and Customs of That Singular and Hitherto Almost unknown Country, Vol.1, London: Henry Colburn Publisher, 1843, p.6)。

如此这般,林则徐的内忧外患远超我们的想象。其根子在于结构性腐败。

查尔斯·义律伙同美国商人,跟清朝的腐败官员周旋,抵制林则徐的禁烟政策,并对一些正当经营的英国商船进行骚扰。比如,一些贵格派教徒出身的贸易商出于宗教理由,拒绝鸦片贸易,希望和清朝保持正常贸易,他们由此遭受了各种不当妨碍。在英国商人中,也有想法很正统的人。

1839 年 2 月 3 日,义律以中国政府没收英国商人的鸦片为借口,下令向清朝水军开炮,中英之间的武力冲突开始了。

以毒品走私为由开战,前所未闻。英国本国的议会里也发生了激烈辩论。后来成为首相的威廉·格莱斯顿[1]在议会作了以下陈述:"这种不正当的战争,并将永远背负不名誉的战争,我迄今闻所未闻。(格莱斯顿起身)英国的国旗在为臭名昭著的禁运走私品护航,再没有比这更让人羞耻的战争了。"

尽管有这些反对,向中国派兵的议案最后以赞成 271 票、反对 262 票的微小差距在英国议会获得通过。英国舰队朝着中国起航了。

1840 年 6 月,由军舰 16 艘、运输船 27 艘、陆军士兵 4 000 人组成的英国军队集聚广州湾。炮击广州后,英军开始北上,目标是北京。在英国的舰队面前,道光帝狼狈不堪,竟解除了林则徐的钦差大臣职务,试图缓和与英国的关系。接任林则徐的是琦善,他被英国海军的威力吓破了胆,答应作出大幅让步。结果,双方签署了屈辱的《南京条约》。条款激怒了道光帝,琦善遭到罢免。但是,清政府在英国的巨舰

---

[1]　生卒：1809—1898 年。1892—1894 年,担任英国首相。——译者注

面前不得不屈服。英国舰队占领上海,眼看就要占领南京了,清朝决定投降。

1842 年 8 月 29 日,在节节败退之中,《南京条约》签订了。除了巨额赔款,清朝还割让了香港,开放广州、厦门、福州、宁波、上海作为通商口岸。第二年签订的《虎门条约》里,包括了治外法权、放弃关税自主权、最惠国待遇等条款,清朝被迫吞下不平等条约的苦果。被夺走的香港回归中国,要等到 155 年后的 1997 年了。

2 情报敏感性:关于鸦片战争的信息和认知

鸦片战争不单单是英国和中国之间的冲突,它也是资本主义对世界进行暴力重构的序章。在 21 世纪的今天,中国、日本已经是时代的主角,那么,在当时的情况下,两国分别是如何应对这种暴力的?比较后我们发现,各国面对外部刺激时的反应模式差异明显。这其中,情报敏感性差异是关键,因为这是创新性回应的前提条件。

林则徐不为人知的功绩

被解除钦差大臣职务后的林则徐历经坎坷。他被左迁到新疆,在当地从事垦荒和治水。由于实施了一系列善政,受到民众拥戴。现在还有人说,如果当时是林则徐负责对英外交,不至于有这样屈辱的结果。

但是,林则徐被贬,某种意义上对日本来说又是一件幸事。为什么这么说?林则徐通过鸦片战争这场国难,意识到学习和了解以英国为首的西方各国的重要性。他通过当时的贸易商、翻译等,收集和编译了大量西洋典籍。他逐渐明白,在和西方对峙的过程中,除了武力,用西方理论武装头脑亦十分重要。这些知识后来传到了日本。

遭道光帝贬职的林则徐把英国人写的《世界地理大全》的中译本《四洲志》交给友人魏源。魏源以《四洲志》为基础，进一步收集世界地理信息后，完成了《海国图志》的编纂。该书于 1843 年出版，增补后达 60 卷。后来更是成为了总数达 100 卷的皇皇巨制。

林则徐在鸦片战争中目睹了英国海军的强大实力，进而对西欧各国的现代化产生了浓厚兴趣。魏源在《海国图志》中回应了林则徐的关切。他说，编纂这本书的目的在于"师夷长技以制夷"，即通过学习西方技术来抗击西方。

重要的是，这些关于西方世界的信息和思想后来传到了日本，成为吉田松阴、佐久间象山等幕末知识分子的重要知识来源。特别是松阴，他认为要防卫日本，必先了解世界。为此，他一直勤奋研读以《海国图志》为代表的文献资料。

高杉晋作是明治维新的幕后功臣。他的命运因为和松阴的藏书相遇而发生了改变。当时，年仅 19 岁的晋作经久坂玄瑞介绍，认识了他终生仰慕的导师松阴，也是在那时，他第一次见到了松阴收集的世界地图集《坤舆图识》。

"这是印度，这是中国，这是日本。列强正在对中国实施殖民化政策。这只魔手很快就会伸向日本。"松阴谆谆告诫。从这时起，晋作下了决心，要誓死守护地图上这个小小的岛国日本。[1]

参加明治维新的众多年轻志士具有勃勃的生命力和敏感性，他们有机会接触到松阴的世界观，这是日本的幸事。感性和直觉是创新性

---

[1]　秋山夏乃：《晋作 苍茫烈日》(『晋作 蒼き烈日』)，日本放送出版协会 2007 年。

回应的基础。

回顾日本的产业发展史,我们会有什么发现? 产业组织理论的大家今井贤一说:"那些能够进行新的排列组合,并引发巨大创新的人,多数情况下,他们生在一个危机重重的时代。"[1]

虽然说的不是一回事,但在日本的历史转折点上,也有类似现象。当然,危机不会自动带来创新。在这里,正确认识危机并加以应对的"情报敏感性"起到了关键作用。

中国的回应

鸦片战争给当时贪图安逸的清王朝、朝鲜王国以及日本等东亚国家带来了巨大冲击。当时,东亚各国普遍实行锁国政策,并达成了某种均衡。面对外部冲击,三者的反应各不相同。

在中国的应对中,最大的问题是皇帝的独裁体制以及由此引发的信息操纵问题。不少人认为,和英军相比,清军在人数、装备、士气、作战能力方面处于劣势,但是,开战前如果能在几个关键问题上作出正确判断,是有可能回避这场不义之战的,双方可以回到谈判桌上解决问题;或者,也有另外一种可能性,那就是集结起超过英军的兵力和装备,打一场有利的战争。

林则徐认为,应该利用战场在国内的优势,对英展开持久战。道光帝表面上主张对英采取强硬立场,然而,尽管手握大权——或者说,正因为大权独揽,道光帝反而显得优柔寡断。

---

[1] 今井贤一:《何谓创造性破坏? 日本产业的再挑战》(『創造の破壊とは何か 日本産業の再挑戦』),东洋经济新报社 2008 年,130 页。

影响道光帝判断的,有三大因素:

第一是中华思想。清朝第八代皇帝道光帝可以说是浸淫于中华思想中长大的。道光帝是第七代皇帝嘉庆帝的次子,生于紫禁城,从小学习帝王学。1813 年,天理教之乱爆发,他击退了进入紫禁城的暴民,立下功绩。但这件事也助长了道光帝的盲目自信。

由于与外部信息隔离,道光帝一直过低评价英国的国力和军力。在战术层面,清军与英军的作战从头至尾都采取相同的战术,这是因为缺乏必要的谍报活动,而这恰恰是打胜仗的保障。还有,前线送来的情报常常被有意歪曲,导致皇帝误判形势。

独裁体制下的信息操纵,是第二大问题。战况特别是败况如果直接报告给皇帝的话,会受到重罚;把战败说成战胜,则可以得到重赏。在这样的"取悦体制"下,清政府的情报系统是失灵的。前线大臣常态化地编造有利于清政府的战况报告,导致皇帝的误判。

最终,皇帝要负兜底的责任。在危机状态下,信息的准确性事关国家存亡。二战中的日本也犯过同样的错误。由于信息操纵,导致决策者判断失误。

第三大问题是清朝建国以来,满族出身的皇帝和汉人军官之间存在不信任和紧张关系。清政府是一个少数满人统治大多数汉人的权力结构。为了缓和矛盾,清朝采取了"满汉偶数官制度"等怀柔政策,即政府内部的重要职务由满人和汉人均分。但在危急关头,道光帝的头脑里难免掠过对汉人的不安和不信任感。

道光帝十分担心汉民借这场战争和英军勾结,推翻满族统治。为此,不管战局如何,他始终高调坚持对英强硬路线,不让国内的"满汉一体"体制产生裂缝。这种紧张感使得清朝的战略判断缺乏应有的弹性。

除了道光帝,中国人特别是中国的知识分子对战争的冲击也没有深刻认识。自古以来,中国被少数民族统治的朝代不在少数。反过来,作为统治阶级的少数民族在这个过程中主动接受汉族文化,进而被同化,这就是中国。

清朝是满人统治的王朝。对某些汉人来说,即使被其他民族统治,生活也不会有太大改变,这算是某种自负吧。在他们看来,武力压制是一种野蛮,因此,败于英国,不过是武力上的败北,并不是"道德"上的败北。

以鸦片战争为契机,欧美列强更加咄咄逼人,清政府不得不继续妥协,割让领土。道光帝死后,太平天国运动爆发,清朝越发羸弱。内忧外患之下,清政府不得不考虑导入西方的军事技术。而真正的危机意识的诞生,要等到日清战争(1894 年的甲午战争——译者注)了。

日本的回应

当时,日本和中国一样采取锁国政策。鸦片战争对日本的冲击可想而知。幕府原本就有财政紧张的内忧,现在又加上了巨大的外患。好在,幕府很早就开始收集和消化鸦片战争的相关情报。幕府末期,"日本的信息收集能力超乎我们的想象"。[1]

幕府的海外信息来源,一是和当时的朝鲜釜山开展贸易的对马

---

[1] 关于幕末的情报网,参考:宫地正人《幕末维新期的文化和情报》(『幕末維新期の文化と情報』),名著刊行会 1994 年。该书提供了非常有趣的见解。另外,风说书的史料研究,参考:松方冬子《荷兰风说书和近代日本》(『オランダ風説書と近世日本』),东京大学出版会 2007 年。

藩,一是"风说书"。后者由驻扎长崎的荷兰和清朝的贸易商提供。至于前者,幕府允许对马藩和朝鲜开展贸易,作为回报,对马藩向幕府提供来自朝鲜的情报。

长崎"风说书"的内容是对各种报纸杂志的编辑整理,是幕府重要的海外信息源。在当时,荷兰是唯一允许和日本开展贸易的欧洲国家,为表示感谢,荷兰商馆的馆长会定期向幕府献上《和兰风说书》,这是一本汇集了世界各国重要信息的年度报告书——从 1641 年日本开始锁国到 1854 年日本结束锁国,每年如此。

"风说书"的最初目的是搜集葡萄牙、西班牙的相关情报。后来,幕府的兴趣扩大了,需要更广泛的情报,于是,"风说书"细化为"欧洲风说""印度风说"等,荷兰商人递交的世界各国信息也被纳入其中。[1] 鸦片战争以后,幕府在《和兰风说书》的基础上,要求商馆递交更为详细的《别段风说书》。

幕府要求递交荷兰语的报告书。《别段风说书》目前留存的版本有：长崎译本、江户译本以及原文三种。幕府对鸦片战争以后的世界局势的重视可见一斑。[2] 根据近年来的研究,鸦片战争以后幕府的情报收集能力在"佩里来航"后的对美交涉中发挥了积极作用。[3]

同样,幕府也很重视清国贸易商提供的《唐国风说书》。荷兰提供

[1]　日兰学会、法政兰学研究会编：《和兰风说书解题》,《和兰风说书集成(上)》(「和蘭風說書解題」、『和蘭風説書集成(上)』),吉川弘文馆 1977 年,24～32 页。

[2]　宫地正人：《幕末维新期的文化和情报》(『幕末維新期の文化と情報』),名著刊行会 1994 年,13 页。

[3]　幕府通过"别段风说书",已提前获知佩里来航的消息。幕府利用鸦片战争后学得的国际法知识,巧妙地与美国周旋。参考：井上胜生《幕末·维新——系列日本近代史(1)》(『幕末·維新——シリーズ日本近現代史(1)』),岩波新书 2006 年。

的"和兰风说"详细记载了清英之间发生纷争到签订《南京条约》的经过,详细描述了英国的胜利和清朝的败北情况。

相比之下,《唐国风说书》显得比较局部,中间混杂了传闻和主观猜测,缺少客观性。这其中,来自激战之地的乍浦商人的情报具有临场感和时效性。另外,由于不需要像荷兰语那样进行翻译,鸦片战争的相关记述显得更加生动。

如上所述,幕府对鸦片战争的信息收集不限于单一信息源,而是有三大信息来源,其中包含了中国和荷兰这两大对立的信息源。

幕府的情报收集和验证力

为了进一步考察日本的情报敏感性,我们来看在幕府体制下,情报收集和验证工作是如何展开的,又是如何向将军上奏的。1839 年(天保十年)3 月,中国在广州征缴和销毁英商的鸦片两万余箱,明令禁烟。当年夏天(6 月 4 日),相关情报经由来出岛的荷兰商船传来。这是关于战争的第一报。

根据《和兰风说书集成》的记载,一开始,出岛的幕府官吏对这个情报没有太重视。[1] 第二年也就是 1840 年 6 月递交的《和兰风说书》记载了事态的进一步发展:为了报复中国,英国派遣原驻非洲好望角以及印度的军队前往中国。报告交到了长崎奉行田口加贺守那里。荷兰商馆馆长约瑟夫·亨利·莱温逊(Joseph Henry Levyssohn)另外还

---

[1] 日兰学会、法政兰学研究会编:《和兰风说书解题》,《和兰风说书集成(上)》(「和蘭風説書解題」、『和蘭風説書集成(上)』),吉川弘文馆 1977 年,36 页。

递交了关于鸦片战争的一百多页的详报。这个情报经由长崎的耳目终于传到了江户的老中[1]那里。

田口加贺守送出的风说书确实送到了老中那里,这一点通过查阅辅佐老中的家老[2]的日记《鹰见泉石日记》,便可确认。[3] 包括追加的详细情报在内,老中土井利位考虑到内容重要、不容马虎,当即要求回江户的长崎奉行田口加贺守另外购买海外地理书,进一步收集风说书以外的有关鸦片战争的详细情报。

土井和田口都认为有必要直接从中国人那里收集相关信息,并立刻采取了行动。就这样,通过各种手段进行情报收集、验证之后,11 月 11 日,老中向将军德川家庆递交了有关鸦片战争的风说书。

3　高岛秋帆的情报敏感性

相比官方在正式渠道下的情报收集工作,更为重要的是具有高度情报敏感性的民间人士的情报收集能力。幕末志士中,很多人具有高度的情报敏感性,比如坂本龙马,以及前文提到的吉田松阴、高杉晋作等。这里介绍一位代表性人物,他在鸦片战争的相关信息里嗅出危机正在逼近,随即展开了他的"创新性回应"。这个人物并不广为人知,

---

[1]　老中,是江户幕府官职,是辅佐将军、总理全部政务的最高官员。大老,非常设职务,必要时在"老中"之上设置一名。——译者注

[2]　家老,是江户时代在大名家中统管藩政的重臣。家老的权力很大,藩中的大事藩主都要与家老团商议后才决定。藩的层级一般是: 藩主、家老、重臣、藩士(萨摩、土佐还有乡士),藩士称为上士,乡士称为下士。——译者注

[3]　日兰学会、法政兰学研究会编:《和兰风说书解题》,《和兰风说书集成(上)》(「和蘭風説書解題」、『和蘭風説書集成(上)』),吉川弘文馆 1977 年,35—39 页。

他就是长崎町年寄、西洋炮术家高岛四郎太夫[1]秋帆。[2]

费顿号事件和海防

高岛秋帆是长崎町年寄高岛四郎兵卫茂纪的第三子，1798 年（宽政十年）出生在长崎大村町。父亲是町年寄，也是掌管唐兰贸易的长崎会所的调役。1804 年，俄罗斯船只在长崎港附近出没，长崎警备的重要性提升。四郎兵卫还负责炮台事务，拥有自由出入出岛的特权。在这样的氛围中，1808 年，爆发了震惊日本的长崎费顿号事件。[3]

法国大革命的混乱逐渐止息，拿破仑统领的法国军队入侵荷兰。在驱逐了奥兰治公爵威廉五世之后，法军建立了巴达维亚共和国。奥兰治公爵流亡英国，与英国缔结同盟，承认荷兰在东方的领地纳入英国保护之下。1802 年，《亚眠条约》签订，英国、法国、西班牙以及巴达维亚共和国之间恢复了和平。但是翌年，英国再次向法国宣战。荷兰的东方领地成为英法两国争夺的标的。

英国东印度舰队为了捉拿往返于巴达维亚—长崎间定期航线上的荷兰船，在东方海域展开监视活动。1808 年，负责捉拿荷兰船只的英舰费顿号发现长崎港内有悬挂荷兰国旗的导航小屋，随即侵入长崎港。

---

[1] 四郎太夫：律令制度下，被称为"职"的政府机构的长官。在这里，指高岛家代代相传的官职，用于家名。——译者注

[2] 关于高岛，参考：有马成甫《高岛秋帆》（『高岛秋帆』），吉川弘文馆 1958 年。

[3] 关于费顿号事件，参考：宫地正人《幕末维新期的社会政治史研究》（『幕末维新期の社会の政治史研究』），岩波书店 1999 年。该书的序章基于费顿号的航海日记，以英法间的拿破仑战争为背景，详细分析了这一事件。

　　为了查明来船的意图,长崎奉行所派出日本检察员及荷兰商馆职员两名前去一探究竟。英国船让两名荷兰商馆人员上船后突然实施扣押,两人成为了人质。第二天,英方以人质为要挟,要求日方提供饮用水和食物。其中特别具有羞辱意味的是,尽管英国人从荷兰人质那里已经得知"在日本,牛是劳役用的,不是食用的",却还是开口向日方要求提供四头去势雄牛。之后还在航海日记里以傲慢的口气写道:"我们是第一艘在长崎得到去势雄牛的船只。"[1]

　　长崎奉行松平图书守康英被英国人的态度激怒了,他唤来佐贺、筑前两藩的闻役[2],命令他们做好战斗准备。但是两藩均没有足够的警备兵力,所有人手加在一起也不及英军人数。荷兰商馆馆长也劝谏幕府说,只要看看英军装备,就知道日本没有胜算。

　　结果,奉行所只好按照英方的要求提供了牛、鸡、山羊等物资,英方进一步要求提供马铃薯和柴火。面对一而再、再而三的无礼要求,松平想过几个报复措施,但没有一个具有可行性,最后只好含恨满足了英方的要求。英国军舰随后释放了人质,悠然离去。

　　习惯了太平世道的奉行所对英军的要求只能唯命是从,奉行松平痛感责任重大,他留下"不能抗击异船,遗憾至极,恨彻骨髓,犹如烈火焚身"的遗书后,切腹自杀。担任警卫的七名负责人也相继切腹自杀,其他多人或自杀,或受到严惩。事件发生后,秋帆的父亲、出岛主管四郎兵卫接手了炮台主管的职务,负责加强长崎的警备。他同时还接受了一项新任务:学习更具实战性的荻野炮术。

---

[1]　参考:宫地正人《幕末维新期的文化和情报》(『幕末维新期の文化と情報』),名著刊行会 1994 年;有马成甫《高岛秋帆》(『高島秋帆』),吉川弘文馆 1958 年,22—23 页。

[2]　江户时代,西部 14 个藩在长崎设立的官职。——译者注

父亲为防御外国船只的威胁殚精竭虑,这一切高岛秋帆都看在眼里。他在父亲的指导下学习语言和炮术,后来担任了炮术师范役。1814 年(文化十一年),秋帆从父亲那里继承了町年寄的职务,并作为炮台主管努力钻研炮术。

尽管高岛父子研习的荻野炮术是当时和式炮术中最先进的,但是和西洋炮术相比,依然十分落后。秋帆认为,要和外国抗衡,必须学习真正的西洋炮术。他找到当时担任荷兰商馆馆长的原陆军大臣杨·希特鲁斯(Jan Hendrik Donker Curtius)以及当时在长崎居留的希坡路特(Philipp Franz Balthasar von Siebold),从他们那里入手了各种资料,加以研究。

后来,秋帆从国外购买了摩尔支尔炮,自己进行拆解和仿制。[1] 1835 年(天保六年),他成功研制了被后世称为"高岛流炮术"的具有独创性的炮术,向世人展示了他的创新性回应。[2]

作为企业家的高岛秋帆

和幕末志士相比,高岛不算有名,他的功绩也并不广为人知。但是,如果没有他的炮术以及西洋知识,西南雄藩的倒幕不可能成功,幕府也不可能走上和平开国的道路。在这个意义上说,高岛是明治维新不可或缺的角色。

其研究价值不限于高岛作为地方官吏同时又是炮术家这一面,本书特别关注的是他作为企业家的功绩。

---

[1] 现代称为"反向工程学"。——译者注

[2] 有马成甫:《高岛秋帆》(『高岛秋帆』),吉川弘文馆 1958 年,90—94 页。

秋帆进口了当时西洋最先进的大炮,在拆解和模仿的基础上进行了仿造,并出售给各藩。1936 年(昭和十一年),锅岛男爵家的庭院一角出土了高岛制造、出售给佐贺藩锅岛家的大炮。这门大炮经过修复后得以保存。通过秋帆,锅岛藩还购买(进口)了荷兰产的洋式武器,成为军备现代化的先驱。

当时,很多藩都有强化海防的需求,秋帆本人和高岛流炮术在诸藩中声名鹊起。其中,以萨摩藩和长州藩为代表的西南雄藩多次派人前往秋帆门下学习西洋炮术。在秋帆的指导下,两藩的军备现代化开始了。

除了武器,秋帆收集的西洋书籍的量也是相当惊人的。如后所述,因为鸟居耀藏的谗言,秋帆以谋反的罪名被幕府捉拿。搜查家宅时登记的藏书目录,很幸运地保留了下来。

秋帆研究者有马成甫很细致地阅读了查抄目录"鸟居甲斐守勤务中天文方立合相改候兰书表题:高岛四郎太夫所持之分",并制作了其所藏之译著和原著的一览表。他的结论是:"如此巨大的藏书量,和幕府天文方相比不在话下,在诸藩中,也没有可比肩者。"[1]

除了书籍,秋帆还从海外购买了以摩尔支尔炮为代表的步枪、手枪、弹药、火药、钟表、磁铁、望远镜等各种贵重物品。其中,步枪数量达 135 支。秋帆进行海外采购,依据的是町年寄拥有的"胁荷贸易"的特权。所谓"胁荷贸易",是指在不影响正规的会所交易的前提下,给予一部分町年寄个人开展进口贸易的权利。在初期,交易需要的资金通过物物交换支付,不会造成金银币的外流,所以被允许。

秋帆利用这一特权从海外购买了与炮术、西洋科技有关的物品,

---

[1]　有马成甫:《高岛秋帆》(『高岛秋帆』),吉川弘文馆 1958 年,55—61 页。

其中一部分转手卖给各藩。他还制造模仿品出售,获利颇丰。有了这些利润,秋帆就可以购买更多、更先进的武器和西洋书籍,不断扩大交易规模。这个过程是非常具有企业家意识的行为。

但是,秋帆进行的大量个人贸易遭到鸟居耀藏的猜疑,他随即成为了"长崎会所疑案"的主要人物。根据鸟居整理的《高岛秋帆年谱》,秋帆"私财购入,(中略)几乎倾家荡产",但是有马成甫断言这种说法"完全不可信"。有马详细分析了秋帆的贸易记录,认为通过胁荷贸易,秋帆积蓄了不少财富,收益远大于投入。[1]

重要的不是资金的多寡,或者秋帆是否因此中饱私囊,而是秋帆把通过胁荷贸易获取的利益最终都投入到了购买西洋兵器和外国书籍中,他通过研究,在这些方面积累起了相当丰富的知识和技能。

秋帆铸造大炮转售给各藩,确有获益,但同时,他也对西南雄藩的军备现代化作出了积极贡献。根据记录,秋帆购入的贵重品一般以三倍之价转售给各藩。他自己所铸的大炮一门的价格在二百两以上。通过胁荷贸易,秋帆准确了解到了各国的技术实力,熟悉了贸易规则。这些经历是他日后提出"和平开国、通商主义"主张的基础。

"天保上书"和高岛平的演习

1840 年(天保十一年),高岛秋帆成为了长崎会所头取(所长)。1842 年,在阅读了有关鸦片战争的风说书后,他走访了荷兰商馆、唐(中国)商馆以及中国船只的船长等,广泛收集相关信息。他意识到事件的重大性,于是向长崎奉行田口加贺守递交了"洋炮采用建议"(即

─────────

[1] 有马成甫:《高岛秋帆》(『高岛秋帆』),吉川弘文馆 1958 年,74—89 页。

"天保上书"），主张"采用西洋炮术,用作护国第一武备"。

　　《陆军历史》是一部系统介绍日本陆军历史的书籍,书中收录了秋帆的"洋炮采用建议",主要观点如下：首先,小小的英国之所以没死一人就轻易战胜了中国,"全因武备的差距"。荷兰人也嘲笑"中国的炮术如同儿戏"。所以,"炮术之仪是护国第一武备",主张"改目前的火炮为西洋火炮,全面配备到各战略要塞,以敷实用"。[1]

　　田口与高岛的主张产生共鸣,他把这份建议递交给了阁老[2]水野越前守忠邦,水野和御目付役鸟居耀藏讨论此事。一向讨厌兰学的鸟居对高岛的分析持怀疑态度,他认为英军的胜利是因为熟悉战争之故,懂得战术,"非全因火炮利钝所致"。

　　不过,"火炮原是蛮国传来之器,此种发明到底有多厉害,很难揣测",如果这些洋式武器只在各藩流传而幕府不知,确实也是大问题。因此,鸟居向水野提出建议,让高岛把火器"带来江户进行评测"。

　　水野于是命令高岛一行出府前来江户,高岛流炮术的演习地点选在了江户郊外。为了这次演习,秋帆特地从长崎带来一门摩尔支尔炮和一门霍威茨尔炮,随行的还有 85 人组成的两个中队。炮术演习非常顺利,水野阁老受到极大震撼,他通过长崎奉行柳生伊势守,赐给高岛白银二百枚。

　　另外,他还以五百两的价格买下了秋帆带来的两门大炮,并下达

---

[1] 服部真长、松本三之介、大口勇次郎编:《胜海舟全集 15》(『勝海舟全集 15』),劲草书房 1976 年,6—9 页。

[2] 阁老是江户幕府的武家职制,又称老中或年寄家,属于常设职务,负责日常行政事务。一般任命拥有二万五千石至十万石俸禄的谱代大名四至五人担任。根据 1634 年 3 月实施的《老中职务定则》,老中负责与朝廷的联系,管理一万石以上的大名,以及财政、神社、外交事务等。——译者注

命令，"把这西洋传来的火术传授给直参（江川太郎左卫门）"。这里多说一句，为了纪念高岛秋帆，高岛炮术的演习地点——德丸原，后来改名为高岛平，也就是现在的东京都板桥区的高岛平。

在进行这场演习的同时，高岛秋帆的"天保上书"对水野推动"天保改革"也产生了很大影响。在幕府体制岌岌可危的情况下推动的这场天保改革，其宗旨原本是回归德川家康的祖法，但在外交领域出现了很大变数。在了解到清朝败于鸦片战争这一结果后，幕府修改了之前的驱逐外国船只的命令，并于1842年重新发布"薪水给与令"，允许向外国船只提供燃料和食物。幕府开始对外推行怀柔路线。

水野还下令，由江川太郎左卫门和秋帆两人负责西洋炮术的引进和军备现代化事宜。就这样，幕府终于决心要推动军备现代化了。

长崎事件和幽闭

德丸原演习获得巨大成功，再加上"天保上书"，原本一切顺利，但因为鸟居耀藏的阴谋，剧情发生了意想不到的翻转。1842年（天保十三年），水野的亲信、"天保改革"的背后操盘手鸟居诬陷高岛通过走私购入武器，密谋造反。

鸟居本人反对兰学、反对西洋思想。就像我们在葬送了渡边华山、高野长英的"蛮社之狱"[1]中看到的那样，鸟居是一个善于捏造罪

---

[1] 该事件发生于1839年。渡边华山（1793—1841）是江户后期的汉学家、兰学家、政治家、画家、幕府藩士，被誉为"幕末伟人"和"日本开国史上的第一人"。渡边华山、高野长英等兰学者组成尚齿会，积极从事西洋学问的研究。在幕府对美国舰只"马礼逊号"实行打击的次年，华山著《慎机论》，长英著《戊戌梦物语》，对幕府的攘夷政策进行批判，触怒了幕府。幕府以企图渡海去国外及与大盐平八郎有勾结等罪名为由，将他们逮捕。——译者注

名,构陷有能之人的弹压者。他对长崎会所一直抱有很强的敌意。

德川幕府末期,人们都说,"数年长崎奉行,财富数不尽"。对鸟居来说,在长崎从事武器弹药进口的秋帆,是一个可疑分子。[1] 如前所说,秋帆具有企业家意识和资金运作能力,在鸟居眼里,这些行为是对倡导俭约的天保改革的忤逆之举。鸟居通过下属本庄茂平太制造了长崎奉行所疑案,秋帆及手下二十四人被起诉。水野把这个案子交付评审,秋帆再次被传唤到江户,遭到检举幽闭。第二年也就是 1843年,鸟居亲自对秋帆展开调查。秋帆被幽闭在江户日本桥的传马町狱舍里。幸运的是,调查没有查获对秋帆不利的证据。同一时期,在国外,清廷在鸦片战争中大败;在国内,1839 年"蛮社之狱"的当事人渡边华山被逼自杀。鸟居的刻薄广受批评,幕府对兰学者的弹压有所收敛。

1845 年,水野忠邦判决秋帆的谋反罪不成立,但认定存在"与身份不符的交易"。1846 年被判"别处幽闭",秋帆被押送到安中藩的安部虎之助处接受监管。

同时,水野认为鸟居的弹压行为过分了,解除了他的町奉行的职务。同时,他的残忍行为也被问罪。结果,鸟居被判永久监禁于丸龟藩京极家。永久监禁在故土以外的地方,是幕府体制下最屈辱的处分。鸟居从幽闭中被解放出来要等到 1873 年(明治六年)了。这期间的二十三年,鸟居一直认定自己蒙受了不白之冤,与各种疾病顽强抗争。也许是因为心中憋了一口气,他在幽闭中活了下来。[2]

---

[1] 松冈英夫:《鸟居耀蔵——天保改革的弹压者》(『鳥居耀蔵——天保の改革の弾圧者』),中公新书 1991 年,141 页。

[2] 水野认为:"长崎的高岛四太郎事件的调查受到鸟居耀蔵甲斐守的不当干涉。鸟居利用职权,不顾及身份,令人不快。" 松冈英夫:《鸟居耀蔵——天保改革的弹压者》(『鳥居耀蔵——天保の改革の弾圧者』),中公新书 1991 年,150—175 页。

幕末担任军舰、外国两奉行之职的栗本锄云这样评价鸟居其人:"刑场的恶犬一旦尝过被处决的罪人的肉味之后,就很难忘记。以后一见人就会扑上去撕咬。最后,自己也免不了被扑杀的命运。鸟居甲斐那样的人像极了刑场上的恶犬(中略)。他聪明过头,为了陷害他人,不择手段布下罗网和陷阱,制造冤狱,让无辜之人蒙受惨苛的厄运。"[1]

鸟居借天保改革之机进入权力中枢。一方面,他对幕府体制的规范化有所贡献;另一方面,他极端地反兰学和洋学,醉心于权谋之术,最后走向了自我毁灭。

幕府末年风云变幻,形势逼人。鸦片战争后,中国的港口城市开港通商,香港被割让。这些消息很快传到了日本。同时,以英国、俄国为首的外国船只频繁出没于日本各地。幕府不得不强化海防,在主要港口推动洋式炮台的修建。

1853 年(嘉永六年)6 月,佩里提督率四艘美国军舰出现在浦贺港。7 月,普丘钦(俄国提督)的舰队闯入长崎港,再加上德川家庆去世,幕府体制处于风雨飘摇之中。

幕府内部没有人为鸟居的幽闭解除奔走,却有不少人为秋帆的除罪出力。这是因为新的时代需要秋帆的知识。传承了高岛流炮术的直参江川太郎左卫门尤其热心,他为秋帆的恩赦四处活动。最终,借德川家庆去世的机会,秋帆获得恩赦。解除监禁后,秋帆投到江川门下。这一年是 1853 年,也就是佩里来航那年的秋天。从被捕之日算起,时间已经过去了十年又十个月。秋帆终于重获自由。

---

[1] 松冈英夫:《鸟居耀藏——天保改革的弹压者》(『鸟居耀藏——天保の改革の弾圧者』),中公新书 1991 年,93 页。

"外国贸易建议书"的先见性和开国

十年,恍如隔世。外部世界风云突变。就像鸦片战争爆发后人们担心的那样,列强对日本也提出了开国要求,美国舰队更是携带总统亲笔信直接驶入了江户湾。

面对乱世,秋帆有自己的想法。幕府阁僚以及诸侯之中,多数意见是"攘夷论",他们叫嚷着"加固海防,打击夷敌"。秋帆不赞成他们的观点。他把自己的想法写成了"外国贸易建议书",打算呈交幕府。

令人意外的是,作为炮术家的秋帆的建议,是不动用武力的"和平开国通商论"。十年前极力主张引入西洋炮术、改造炮台的秋帆改变了想法:依靠武力的国防已经不可行了。

在上书中,秋帆从对鸦片战争的分析入手,冷静回顾了丰臣秀吉的朝鲜征战、岛原之乱等古今东西的战乱。在此基础上,秋帆剖析了佩里的深层次意图。秋帆认为绝对不要对美国方面的挑衅轻举妄动。他指出,美国人的意图是:"提出我等不愿意的贸易要求,伺机而动。他们希望我方有不敬的行为,然后就可以乘机动武。"

也就是说,美国知道日本不愿意答应开国通商的要求,故意为难。诱使日本首开战端,然后再用压倒性的武力制服日本,把日本置于自己的统治之下。

所以,他认为应该针锋相对地提出"即刻开国通商"的对策。他力陈对外贸易是富国强兵之本:"可以获得交易利润,富国强兵。千万不可固守旧习。"作为具体实施方案,他还呈上了"交易方法大略"。[1]

---

[1]　服部真长、松本三之介、大口勇次郎编:《胜海舟全集 15》(『勝海舟全集 15』),劲草书房 1976 年,99—103 页。

秋帆通过胁荷贸易认识到对外贸易的重要性。战前经济史家金子鹰之助对此有高度评价:"秋帆幼时长于长崎,作为长崎会所调役负责对外贸易实务。他还是高岛流炮术的创始人,精通炮术兵法。秋帆的上书里包含了当时最先进的开国思想。"[1]

秋帆的思想不但在当时,在现代也算得上是先进的。下面是基本要点:

(1) 拒绝美国、俄国等国的贸易要求,极有可能引发战端。通商贸易,是这些国家的惯习。

(2) 所谓贸易,必须有利可图才能成立。两三年以后,他们有可能自动退出。为何? 我国是一个小国,贸易量有限,他们可以进口到日本的货品自然也十分有限。

(3) 有人担心一旦允许一国和日本开展贸易,他国也会提出相同的要求,这样就会对日本敲骨吸髓,无法摆脱。这种担心是多余的。允许一国和日本贸易,他国自然也会提出要求——这恰恰是问题的关键。因为我国根本无法消化这么多国家的货品,各国无利可图,自然也就退去了。

(4) 关于外贸,要特别注意铜币的流出。重要的是,药材等关乎人命,有铜币价值,而珊瑚珠、钟表、其他玩物可以和我国不

---

[1] 金子高度评价高岛在长崎的贸易经历:"他(高岛)详细比较了内外武备,劝说幕府对外开战是无望取胜的。(中略)他熟知西洋兵制,同时,他在论述了贸易规则和交易的具体之法后得出结论:开国通商可以获得巨大经济利益。这些都得益于他在长崎的经历——作为官府贸易的主务官,高岛在这方面拥有丰富的经验和见识。"参考:金子鹰之助《近世社会经济学说体系 高岛秋帆·佐久间象山集》(『近世社会经济学说体系 高岛秋帆·佐久间象山集』),诚文堂(新光社版)1936 年,76 页。

甚重要之物,比如生丝、干货、砂糖等进行交换。长期来看,对我国有重要价值之物应该积极进口并且早日国产化。

（5）有人认为,一旦允许贸易,就会出现像基督教那样不可测的风险。然而,二百年前的日本是一个知识未开化的国家,即使是高贵之人也会受到基督教的影响。而现在,我国人民武勇多智,不需要担心。还有人担心西洋的妖法、妖术,但试想:如果这些可以统治一个国家的话,为何西洋各国还会在战舰、火器上投入这么多资金呢?

（6）有人认为兰学会让日本走上邪路,这完全是无稽之谈。防御外寇是要务,如果我们在战舰制造、火器之术、阵法、战法等方面和外国处于同等水平上,他们耗费军资,远涉重洋来袭就只有损失了。在我国,存在一种"以向他人学习为耻"的风气。我要说,向他人学习是为了我们自己。他们航行各国,所擅长的东西都值得我们学习,以弥补我们的不足。向他人学习一点都不可耻,那种不思学习的陋习才真正可耻。

（7）不只是各国的武备,诸事皆须广泛探索。这样,就能为开国做好各种准备,预防不测,免除后顾之忧。我们应该表现出我们的宽大精神,接纳他们。两三年后如有不妥之处,再行修改不迟。[1]

"日本的生存之道在于通商和平,在于向世界学习。"秋帆用他宽广的世界观和自觉意识,完成了这篇上书。我们很难想象,这是秋帆

---

[1]《永嘉上书》是一篇长文,有马(1958)书中也只介绍了概要。参考: 有马成甫《高岛秋帆》(『高島秋帆』),吉川弘文馆 1958 年。

在解除十一年监禁后仅仅三个月的时间里写成的,这不令人感动吗?
这种想法再次引起重视,要等到日本变成一片焦土的二战以后了。这
样看来,人类是一种多么不善于向历史学习的动物啊。

然而,江川太郎左卫门有所顾忌。接纳和庇护了秋帆的江川尽管
对上书中的真知灼见拍案叫绝,但是反对秋帆呈交这篇上书。江川劝
诚的理由是:

> 有识之士都感佩老师的卓越见识。但是世间一般俗物会误
> 以为老师崇拜夷狄,自甘下风,从而进行各种恶意诽谤。如果呈
> 交这样的建议,您会被当成国贼、朝敌,成为憎恨的对象。您好不
> 容易才从十余年的幽禁中解放出来,转眼又会陷入祸端。[1]

对于佩里的要求,当时多数幕府阁僚的想法是"攘夷",也就是
"抗击夷敌"。即使考虑到武力的差距,也要"尽量拖延谈判时间,乘
机增强兵力"。

对于江川的谏言,高岛没有退缩。他告诉江川自己抱着切腹的决
心,必定要递交上书。江川被感动了,决心和高岛共进退。1855 年,高
岛的"嘉永上书"交到了老中阿部正弘手里。不料,首席家老阿部年仅
三十七岁,突然过世,堀田正睦接替了阿部的职位。

幸运的是,堀田是一个支持兰学,极其关注海外形势的开明派,甚
至被揶揄为有"兰癖"。他主持召开了数次评审会,最终决定接纳美国
方面的要求,开国通商。

---

[1] 有马成甫:《高岛秋帆》(『高岛秋帆』),吉川弘文馆 1958 年,200 页。

秋帆的上书对这个决策有多大影响，不得而知。但我们读了秋帆的上书以后，再对照之后的形势展开，他的先见性主张无疑对堀田产生了影响。

对于秋帆的先见性，德富苏峰留下了这样的评价：

> 世界都称高岛秋帆为火技的中兴者、洋兵的开祖。其实，他在开国论、和平主义方面都有别开生面的见解，尤其在当时舆论沸反盈天的境况之下。[1]

以前一直认为，幕府在"和与战"的开国问题上优柔寡断。近年来，这种说法有所修正。其实，幕府在外交上有相当巧妙的作为。[2] 宫地政人认为那个时代的人具有相当强的自主意识："佩里来航引发的国家和民族的课题如何解决，当时的人们并没有现成的答案和处方。一切都是在实践和行动中不断摸索、学习的结果。"他尖锐地批评了那些事后主观认定幕府有勇无谋、毫无预见性、落伍等等乱贴标签之人。[3]

确实，事后批评幕府左右徘徊、当断不断，很容易。但是，了解到邻国中国卷入鸦片战争的前因后果，又亲眼目睹美国海军压倒性的武

---

[1]　德富苏峰著，平泉澄校订：《近代日本国民史：开国日本（二）》（『近世日本国民史 开国日本（二）』），讲谈社 1979 年，270 页。

[2]　井上认为，阿部·堀田率领的德川幕府属于"开明政权"。参考：井上胜生《幕末·维新——系列日本近代史（1）》（『幕末·維新——シリーズ日本近現代史（1）』），岩波新书 2006 年。

[3]　宫地认为：用近年来确立的历史观来进行事后分析，具有一定的危险性。参考：宫地正人《幕末维新期的社会政治史研究》（『幕末維新期の社会的政治史研究』），岩波书店 1999 年，v 页。

器装备优势,当时的人该何去何从? 没有现成答案,找寻答案也绝非
易事。

这其中,秋帆的"外国贸易建议书"(嘉永上书)是开先河的,他的
认识能力和逻辑性,即使在现代日本,也具有说服力。

小结一下,从本质上说,秋帆的主张有两大重点:

(1) 对日本这样的小国来说,利用海外贸易立国十分重要。贸易
的要诀在于: 用自己的无用之物和海外有用之物进行交换。

(2) 积极引入海外有用之物加以学习,弥补本国的不足。

这两个基本认识,曾一次次挽救日本于危机之中。一旦丧失这些
基本点,就有大祸临头。

开放心态下的情报敏感性,引导日本走向通商和学习,培养了日
本"创新性应对"的能力,在世界范围内,这都是极其罕见的。一般说
来,处于长期锁国体制下的统治阶层的情报敏感性会日渐低下,容易
陷入盲目自信,偏向好战论。在幕末,高岛秋帆等人基于自身渊博的
知识,提出和平通商的主张,日本何其幸也。

二战后,日本以"道奇计划"[1]为契机,完成了系统切换,值得肯
定。而二战中,情报敏感性降低,人们在"神国日本"的幻觉下突入战
争。经历战争的惨败之后,"资源小国、海外布局"的立国思想重新回
归,日本走上了"资源进口、加工贸易、和平通商"的道路,又一次实现
了"创新性回应"。

在这一思想的指导下,1949 年(昭和二十四年),商工省(Ministry

---

[1] 二战以后,美国在欧洲实施了马歇尔计划,接着又在日本推行了作为其翻版的道奇计
划。总体上看,对欧洲以及日本的经济复兴起到了积极作用。——译者注

of Commerce and Industry）改名为通产省（Ministry of International Trade and Industry），很有象征意义。因为当时日本处于战后的困难期，较之商工，强调"通商"即"国际贸易"的作用，意义重大。在这里，我们又一次见识了日本人的智慧。但大家不要忘了，一百年前，高岛秋帆就已经提出了类似的主张。

第 2 章

维新官僚的创新性回应
——大隈重信　从志士到官僚

イノベーターたち
の日本史

尽管德川幕府一度犹豫不决,高岛秋帆、堀田正睦等人还是旗帜鲜明地提出了和平开国路线。最后,日美双方签订了《安政通商条约》。日本得以避免浴血的殖民地战争,并在不久以后迎来了明治维新。

以下级武士为主体创建的明治政府,看起来似乎很轻易地就打造了一个中央集权的国家,其实,这是一个错觉。真实的情况是,在维新后的一段时间里,反对势力随时可能反扑,卷土重来。

本章描述的是,在维新后面临的困难的外交谈判中,爱国志士们是如何脱胎换骨,成长为国际化官僚的。本章聚焦的不是萨摩、长州藩出身的志士,而是在倒幕运动中并无太多出色表现的大隈重信。

围绕明治维新的性质,日本思想界一直存在分歧。今天看来,这些争论可能过于枝节,无论战前战后,日本知识界在这场争论上都花费了过多的时间和心力。[1]

这场争论中,存在两派观点:一派观点认为,明治维新是一场打破封建体制、构建资本主义体制的市民革命,另一派观点认为明治维新打造了一个以明治天皇为顶点的军事化国家,是绝对王政体制的确立。

这场争论的背景是,受 1917 年俄罗斯苏维埃联邦建立的刺激,有

---

[1]　高桥润二郎:《鉴赏:经营警句》(『鑑賞　経営寓句』),庆应义塾大学出版会 2009 年,71 页。

些人认为日本迟早也会迎来社会主义革命,这就需要提前对现状进行预判。也就是说,人们认为,即将到来的社会主义革命会因为"明治维新属于资本主义的哪个发展阶段"而大为不同。这是相当教条化的想法。

这种讨论的致命缺陷在于,它不认为历史是个别的、具体的,是主观现象,而认为历史受普遍的同一律操控,是不断反复的形而上学的现象。或者可以这么说,这种观点倾向于用欧美的历史模板来认识日本乃至亚洲的历史。

其实,历史是极具个体意味的人的行为的结果,具有鲜明的个性。它不同于基于机械同一律而反复出现的自然科学现象,也没有格式化的先进性和后进性。历史需要直面现实、不断试错,向过去的经验学习。各国的历史都是充分发挥民族智慧,进行选择的个性化结果。

在这个意义上,日本的明治维新被生硬地用来和欧美的先进案例作比较,并不合适。在早期的争论中,对于日本的资本主义属性,规范主义者多用"后进性"、"跛足性"(畸形)、"封建性"等词来描述。

"后进性"、"跛足性"不是后发国家的内生性问题,而是因为后发国家较晚参与到世界市场中,受到先发国家的各种挤压而产生的一种外生性结果。和日本明治维新一样,许多后发国家的发展形态各具特色,都有自己的路径依赖,都是独一无二的。这一认识十分重要。[1]

---

[1] 把历史当成独一无二的特殊现象,较之理论性的因果关系,更加重视路径依赖以及历史的偶发性,这是复杂系统论和比较制度分析学派的主张。参考:保罗·大卫《克利奥与键盘经济学》,《美国经济评论》1985 年第 75 卷,第 2 期(Paul David, *Clio and the Economics of Qwerty*, *The American Economic Review*, Vol.75, No.2, 1985);米切尔·怀特洛普著,田中三彦、远山俊征译《复杂系统》(ミッチェル・ワールドロップ『複雑系』),新潮文库 2000 年,等。

在这种新的历史观下,我们会发现,明治维新是由下级武士发动、在一部分觉醒的豪农支持下实现的,所以,它具有市民革命的一面。与此同时,他们所拥戴的体制,即与幕藩体制对立的天皇制,以及以后的殖民地路线,又构成了绝对王政的一面。这不是日本的后发性、幼稚性所致,而是日本在当时的历史条件下选择的结果。

再次强调一下,明治维新是世界史上独一无二的日本经验——与西欧市民革命整肃旧的统治阶级、创建新体制不同,日本明治维新是由属于旧统治阶级一部分的士族阶级通过不流血的方式实现的。这场维新不但改变了旧体制,还把他们自己也改造成了新人——产业资本的操盘手。这确实是一场具有独创性的制度变革,是日本式"创新性回应"的绝好体现。

那么,这一切是如何发生的呢?迄今为止,很少有直入主题的讨论。事实上,当新政府推行"用身份置资本"的革新时,那些原先抱有狭隘想法的志士们也在逐步成长为国际化官僚——这两者相辅相成,世界罕见。它催生了亚洲的新兴独立国家——日本。

1　志士们的外交

维新政府直面的课题是:如何彻底解体有二百多年历史的幕藩体制,在殖民主义盛行的 19 世纪成为一个独立国家? 首先,必须建立一个强大的军事机构,以及一个能够有效征税的中央政府。

现实难题是,维新政府是以萨摩、长州两藩为中心的诸藩联合体。各藩依旧处在藩主的统治之下。新政府的财政来源只限于原幕府的直辖地,非常脆弱。抱有殖民地野心的列强在日本乃至亚洲周边虎视眈眈,等待机会。他们摩拳擦掌,伺机扩大自身的利益。幕府末年的内忧外患在延续。

新政府必须有"作为政治主体的自觉性和进行制度改革的坚定意志"。事实上,让新政府脱胎换骨的,与其说是国内问题,不如说是和列强间的外交问题。也就是说,"让外国承认新政府是替代幕府的我国唯一的主权者"这一外交课题,是促使支离破碎的明治政府完成统一国家建构的原动力。[1]

处于 19 世纪末的帝国主义时期,新政府首先承认幕府时期签订的《安政通商条约》的有效性,以显示自己是代表日本的主权者。而新政府是否能成为外国政府眼中值得交涉的对手,要看新政府的外交手腕。对于高举攘夷大旗打倒幕府的志士们来说,这可不是简单的事。特别是考虑到他们当时的年龄,就可以体会他们肩上的担子有多重。

1868 年(明治元年),被称为长老的木户孝允三十五岁,井上馨、大隈重信都只有三十来岁。伊藤博文更只有二十岁出头。当然,他们都没有什么外交经验。不平等条约下的各种外交问题的处理给了他们机会,他们也抓住机会,从"幕末志士"成功转型为了"维新官僚"。具体过程很多依旧深陷历史的迷雾中,需要挖掘。

本章试图回答的问题是:他们经历了怎样的事件和谈判?是什么促使他们从"幕末志士"转型为了"维新官僚"?从结论上说,大量隐藏身份的"地下天主教徒"问题、幕末货币恶铸和藩札滥发等历史遗

---

[1] 丹羽邦男:《明治维新的土地改革》,《近代土地制度史研究丛书》第 2 卷,修订本(『明治维新の土地改革(近代土地制度史研究巌書　第二卷·修订版)』,御茶之水书店 1972 年,3—9 页。

留问题的处理给了他们机会。这多少有些让人意外。

本章的主角并非萨摩、长州两藩出身的志士，而是在倒幕活动中并无出色表现的佐贺藩藩士大隈重信。维新以后，大隈成了新政府舞台上一颗快速升起的政治新星。他活跃在外交第一线，负责和列强进行谈判交涉。

在这个过程中，大隈意识到，外交政策的核心是财政政策。后来，他作为大藏卿负责明治政府的财政改革。从倡导倒幕攘夷的"乡下武士"到承担国际责任的维新官僚——推动大隈成长为一名优秀官僚以及政治家的，是他的责任感。

大隈在《昔日谈》里生动地描写了当时的志士们是如何克服棘手的外交难题，成为国家领导者的。[1]

大隈是出了名的述而不作。有一则流传甚广的传闻，说大隈还是佐贺藩士的时候，有一次收到藩主的委任状，他在回执上只写了"大隈八太郎"几个字，一句多余的话都没有。大隈留下了不少大部头的论述和评论集，后来还成为了早稻田大学的创始人，他的这另一面还真令人意外。实际上，他的文章几乎都是口述笔录的产物。[2] 这本《昔日谈》率真坦白，直抒己见，回忆了地方藩士大隈跨越幕末和维新的成长史，十分生动有趣。

---

[1]　早稻田大学史编写所编：《大隈伯昔日谈》，《大隈重信丛书》第 2 卷（『大隈伯昔日譚（大隈重信叢書　第二卷）』），早稻田大学出版部 1969 年（以下简称《昔日谈》）。该书已被翻译成现代语，所以，大隈的那些有趣的口癖也就看不到了。相比之下，《隈公闲话》（『隈公閑話』）比较原汁原味地记录了大隈的原话。为容易理解起见，相似的内容，作者选择了新译的《昔日谈》作为引文。

[2]　同上书，2 页。

从藩士到志士

1838 年(天保九年),大隈八太郎重信出生在佐贺藩,是藩士大隈信保的长子。父亲是负责长崎炮台的指挥官、上士。七岁时,大隈进入藩校弘道馆学习,十二岁父亲去世。因此,大隈不像那些富裕的士族子弟,他不是养尊处优长大的。

弘道馆基本的教学理念是传统的朱子学以及在该藩流传甚广的《叶隐》[1]的教诲。基于《叶隐》的狭隘的武士道伦理在该藩根深蒂固。大隈对这种死板的校风心生厌烦,开始反抗。他和小伙伴们一起,试图改革藩校,未果。十七岁那年,大隈受到退学处分。对《叶隐》的怀疑态度,显示了大隈率真的世界观,他说:

> 开卷即见这样的文字:"释迦也好,孔子也罢,楠[2]也好,信玄也罢,他们不曾侍奉锅岛家,因此不值得尊敬崇拜。"单凭这些话,我就知道这是一本什么样的书了。[3]

1853 年,佩里率黑船来航,一时间,日本国内攘夷论甚嚣尘上。与

---

[1] 《叶隐》是江户时代的武士道经典名著。"叶隐"的含义是:如树木的叶荫,在目不可及处守护君主,随时准备"舍身奉公"。此书由佐贺藩的藩士山本常朝(1659—1710)口述,同藩藩士田代阵基记录整理而成。1716 年完成的《叶隐闻书》写本,共 11 卷,简称《叶隐》或《叶隐集》。——译者注

[2] 楠木正成(1294?—1336),镰仓幕府末期到南北朝时期著名武将。他在推翻镰仓幕府、中兴皇权中起了重要作用。楠木正成一生效忠于后醍醐天皇,后世以其为忠臣与军人之典范,被视为武神。建武三年(1336),与叛军足利尊氏的部队激战于兵库一带,在凑川之战中兵败自杀,时年四十三岁。楠木正成与战国末年的真田信繁、源平合战的源义经并列,被称为日本史中三大"末代"悲剧英雄。

[3] 《昔日谈》,25 页。

此同时,一些开明派对海外知识特别是对兰学的热情高涨。1855 年,受到退学处分的大隈意识到兰学的重要性,转而进入佐贺藩设立的兰学寮学习。

那时,参加了幕府访美团的佐贺藩士们刚刚回国,他们用兴奋和惊愕的语气描述了访美见闻。听了这些,大隈心想:"与其学习兰学,不如学习英语更为必要,也更加有用。于是就搞起了英语讲习。"[1]他并不满足于此。随后,他又和同志者谋划,并向学校提出建议,要求把兰学寮的学生派往长崎,聘请外国人教授学问,精进知识。一般说来,这种提议毫无被采纳的希望,然而意外的是,藩主锅岛直正(闲叟)允诺了,大隈他们的提案得以实施。

当时,长崎是和京都并列的最重要的城市。很多幕末志士为寻求新知识集聚在此。同时,幕府以及各地雄藩也需要通过长崎向国外采购战舰和武器弹药。通过观察这些交易活动,你能充分了解在幕末的风云激荡下,诸侯们的动向。

通过英语学习,大隈了解到美国在政治、经济、司法、科学技术等方面的先进性,大为感佩。以"费尔贝克照相"闻名的荷兰传教士圭多·费尔贝克(1830—1898)是大隈的老师。[2] 在英语学习过程中,大隈毫不客气地对汉学提出了尖锐批评。这些对旧体制直截了当的批判,反映出了当时年轻人的普遍心态:

---

[1]《昔日谈》,56 页。

[2] 阿内斯特·萨多著,坂田精一译:《外交官的明治维新见闻(下)》(アーネスト·サトウ『一外交官の見た明治維新(下)』),岩波书店 1960 年,197 页。另外,关于费尔贝克其人,下面的小说提供了极为有趣的视角:加地祥夫《幕末维新的暗号——集合照为何拍摄,又是如何被抹消的?》(『幕末維新の暗号——群像写真はなぜ撮られ、そして抹殺されたのか』),祥伝社 2007 年。

汉学都以空理空论为第一要务,对于培养有为的社会人才,不敷实用。不仅如此,汉学反过来会把有为之人变成无用之人。大家请看,那些所谓儒者在人类社会中起什么作用呢? 他们不过是某种活字典,把那些消化不了的问题堆积在胸中,整天做着不切实际的梦。他们没有给政治、社会、实业带来一丝利益。一旦计划做点什么,也不知目的为何,手段为何,不过是信口开河、自我满足而已。[1]

这是大隈的主观看法。不过反过来,我们可以感受到他拥抱新知识时的兴奋。被这种精神鼓舞着,大隈建议在长崎建一所英文学校——"致远馆",除了佐贺藩的子弟,他藩的有志之士也可以入学。

一个学生的建议,藩的官员自然不会理会。大隈他们没有气馁,他们采取了非常积极有效的行动。了解这个事情的过程,也有助于我们理解后面将要讲到的明治政府的特点。

大隈为了筹资,想到了常驻长崎的商人们。他说:"人生中有很多意想不到的事情。筹集资金,把学校开起来,这个目标让我们和商人们站在了一起。"

为了获得佐贺商人们的捐助,大隈策划贩货到江户出售,他自己也参与其中。结果并不顺利。但有一点,借由此事我们得知:除了坂本龙马,明治维新的另外一位主要人物大隈也是非常重视商贸活动的。

---

[1]《昔日谈》,60页。

这些活动被看成是明治维新后"富国"政策的原型。大隈后来回忆说："我提倡富国之策，最早就在那时候。其一是说动藩政府（同意建校），其二是希望可以帮助到商人。"[1]

就在大隈四处奔走的时候，1865 年（庆应元年），幕府发布了第二次长州讨伐令。大隈在长崎一直留意观察各国动向，他担忧内乱之时，外敌可能乘虚而入，日本或被殖民地化。

"危机近在眼前。如果不能打倒导致国家灾祸的元凶——幕府，把各藩置于统一王政之下，日本就没有得救的机会了。"大隈和副岛种臣两人商量后，决定一起离藩，他们来到京都、大阪一带，秘密参与大政奉还的活动。

但是，和土佐藩、萨摩藩不同，大隈他们没有得到本藩的允许，最后被藩吏逮捕，押送回了佐贺，行动受到监视。[2]

从攘夷到外交谈判

幕府的第二次长州征伐归于失败，德川家茂将军在大阪突然去世。开明派一桥庆喜继承了将军之位。幕府凋零，内政的危机更加严重了。时局变化给了主张尊王倒幕的大隈们再次参与佐贺藩政的机会。藩的执政们也震惊于时代的巨变，不得不接纳大隈和副岛的意见。

大隈被解除监视，再次来到长崎。他计划把已经引退的藩主锅岛闲叟推上维新舞台。但是闲叟并无此意，事情无果。同时，因为长州

---

[1]　具体过程，参考：《昔日谈》，61—85 页。大隈非常雄辩地介绍了和商人们之间的互动，可见他通过商业活动，有很多收获。不过，他说"我们的企业和商业计划并无多少成效"，可以推测，大隈他们并没有从中获得很多实际利益。

[2]　大隈对这个结果非常懊恼："代表佐贺藩在世间活动，却没有像土佐藩的后藤、萨摩藩的西乡那样成就一番大事，实在是遗恨千年。"参考：《昔日谈》，79—83 页。

征伐,萨摩和长州结成了同盟。德川庆喜从大阪撤退的消息传来,幕府内部一片混乱。就在这时,发生了长崎的外国奉行的职务放弃事件。这一事件给大隈重信进入新政府的中枢提供了机会。

众所周知,长崎是日本最大的对外贸易港口,也是开港以来和外国开展外交谈判的地方。要处理的贸易、民事问题堆积如山,日本方面的职务放弃是事关一国信誉的大事件。一直以来,佐贺藩在长崎事务上承担较大的责任,如何应对这个局面成了棘手的难题。就这样,学过英文的大隈受藩命开始负责外交事务。同时,萨摩藩送来了松方正义、町田久成,长州、土佐各藩也送来了俊才。长崎临时政府成立,对大隈来说,实现抱负的机会来了。[1]

大隈认为长崎的外交问题是维新政府树立权威的好机会。他回顾说:

> 对外交问题,我国国民的爱国心高涨,产生了诸如大义名分论、尊王攘夷论、倒幕,以及王政统一等各种舆论和运动……在外交的引导下,新政府组织起来了。外交问题的刺激可以成为内政改良的机运。[2]

处于维新政府中枢的志士们认识到,跟内政相比,"万邦对峙"的国际关系才是问题的核心,这一点对于我们如何来理解明治维新,意义重大。也就是说,是外部压力让内部原本支离破碎的诸藩联合体逐

---

[1] 大隈此时和众多英杰结识,获得了去中央政府任职的机会。参考:《昔日谈》,205 页。

[2] 参考:《昔日谈》,198 页。

渐转化为了以天皇为顶点的中央集权体制,并且果断地推行了财政和军政方面的改革。

对于年轻的志士们来说,明治维新是通过反幕府、倒幕、勤王一步步展开的。然而幕府倒台以后,原本在"幕府和藩"框架下纠缠不休的权力斗争,在维新体制下依旧存在。在这种情况下,幕府遗留的外交问题发挥了意想不到的作用,它间接推动了日本的体制转型。不客气地说,维新以后的一段时间,国内过家家般的内斗依旧频频上演,然而,伴随外交问题的凸显和应对,一个独立国家的样貌开始浮现。

就像大隈说的那样:"很多人只知道自己是佐贺藩人士,不知道自己是日本国民。更加不用说成为世界人这个道理了,那是一点点意识都没有的。"不仅仅是佐贺藩士,在这个阶段,很多维新志士在本质上都还只是藩士。

倒幕派反对幕府的和平开国论,他们举起"攘夷开战"的大旗激烈对抗。但夺取政权以后该怎么办?如何开展外交?几乎毫无头绪。同样是这些人,突然站在了外交舞台的中央,他们必须现实地处理各种外交悬案。

一大考验是基督教问题,虽然这个问题并不广为人知。在处理这个难题的过程中,志士们开始成长为代表日本的维新官僚。

2　隐身基督徒创造国家

直到后来人们才知道,在整个江户时期,尽管畏惧幕府严厉的弹压,长崎这个地方依然有很多人内心保持着基督教信仰,他们被称为

"隐身基督徒"。《安政通商条约》签订以后,他们看到外国人可以在日本自由信仰基督教,于是逐步现身。1864 年,法国神父建造的大浦天主堂开堂,给这些隐身教徒现身提供了契机。[1]

佩里来航后,幕府和美国、英国、法国、俄国、荷兰五国签订了《安政通商条约》。日法条约第四条规定:"在日本常驻的法国人可以自由信仰本国的宗教,可以在其居留场所设立官柱[2]。"

依据这一条款,1865 年 1 月,法国神父费雷、普契束、罗卡因等人建造了巴洛克风格和哥特式风格相混合的天主教堂,在尖塔上挂上了巨大的十字架。他们邀请外国公使前来参加盛大的开堂仪式。天主教堂对日本人也是开放的。

日本在二百多年前经历过"基督徒繁盛,而后禁教锁国"的历史,对神父们来说,他们期盼能发现幸存的基督徒,希望基督信仰在日本复活。这也是他们来日本的目的。

隐身基督徒的奇迹

1865 年 3 月,奇迹真的发生了。"圣母玛利亚来到了法国教堂"的说法在长崎郊外的浦上流传开来,浦上的隐身基督徒们难以抑制二百多年来秘而不宣的信仰之心,相约来到大浦天主堂。在写给横滨的奇拉鲁神父的信中,普契束神父是这样描述当时的情景的(引文很长,但是有助于了解当时的那种感动):

---

[1] 具体过程,参考:片冈弥吉《浦上第四轮取缔——明治政府的基督教弹压》(『浦上四番崩れ——明治政府のキリシタン弾圧』),筑摩书房 1963 年;片冈弥吉《日本基督教殉教史》(『日本キリシタン殉教史』),时事通信社 1979 年。

[2] 官柱本来是指两层建筑的柱子,这里指教堂的尖塔或者装饰十字架的塔。——译者注

昨天十二时半许,包含男女幼儿在内,有十二到十五人站在天主堂门前。我以为是出于好奇心来的,但他们的态度显然有别于常人。天主堂的门当时还关着,我于是打开了门。在我走向神坛的时候,他们也跟了过来。(中略)

我在主面前跪下行礼,我开始祷告。我祈祷我能感动我周围的这些人,他们之中也会有人信仰主、礼拜主。我刚刚祈祷完,一个年纪四十至五十的妇人走上前来,她把双手放在胸口,对我说:

"我们的心情和您一样。"

"真的吗? 你们是谁?"

"我们都是浦上人。绝大多数浦上人和我们有同样的信仰。"

之后,这个人急急地问我:"圣母玛利亚的尊像在哪里?"(中略)

圣母玛利亚! 听到这个尊号,我已经不再有任何怀疑了。站在我面前的这些人,是日本以前那些基督徒的子孙们。[1]

当这个妇人说出"我们的心情和您一样"这句话的时候,不难想象,普契束神父会是何等感动。[2]

忍受着二百多年来的压制,浦上村的人们依然保持了他们的基督教信仰,这近乎奇迹。普契束神父的膝盖在颤抖。在天主堂的告白,当然是个秘密。然而隐身基督徒们的信仰一旦袒露就很难再压抑。

---

[1] 片冈弥吉:《浦上第四轮取缔——明治政府的基督教弹压》(『浦上四番崩れ——明治政府のキリシタン弾圧』),筑摩书房 1963 年,46—48 页。

[2] 普契束神父出于感动,把当时的很多日语对话,特别用罗马字进行了标识。参见: 片冈弥吉《日本基督教殉教史》(『日本キリシタン殉教史』),时事通信社 1979 年,571—572 页。

以此为契机,1867 年 4 月,他们终于以"自葬"的方式进行了身份的告白。

所谓"自葬",是指不采取佛教供养仪式,自己举办葬礼。在德川时代,葬礼的统管者是寺庙,实施的是寺请(檀家)制度。[1] 在长崎这里,农民们不得已采取"自葬"方式,也就是表明了自己的基督徒身份。

浦上的庄屋(村长——译者注)起初没有意识到问题的严重性,说:"如果不喜欢现在的和尚,替你们另外找一个好了。"基督徒们随即回答:"无论哪个和尚,我们都不需要。"[2]

报告递交到了长崎奉行所,代官们(幕府直辖地的地方官——译者注)讨论后认为,这些村民有认知偏差。但是教徒们的信仰犹如干柴烈火,坚定不移。面对基督徒们的公然反抗,奉行所认为这是对德川祖法的忤逆,于是发动了被称为"浦上第四轮取缔"的针对基督徒的大揭发和大镇压运动。

这一举动触怒了居留长崎的外国人,他们多次通过公使对德川幕府进行施压。迫于列强的压力,幕府声称会将村人放回去,但却没有守约。村民们受到严刑拷问,被强制要求改宗。面对幕府的野蛮行径,列强的抗议也在升级。

作为外交课题的基督徒问题

基督教摩擦还在进行中,德川幕府就解体了,明治政府成立。如前所述,发生了长崎奉行放弃职务遁走的事情。此后,负责长崎事务

[1] 也就是寺院承办制度。——译者注
[2] 片冈弥吉:《浦上第四轮取缔——明治政府的基督教弹压》(『浦上四番崩れ——明治政府のキリシタン弾圧』),筑摩书房 1963 年,53 页。

的邻近各藩送来藩士,成立了临时政府,以维持和各国的关系。

1868 年 2 月,新政府派来泽宣嘉担任长崎镇抚总督,井上馨担任外国事务系,之前一直在长崎临时政府勤务的大隈被提拔为了总督府副参谋。

同年 4 月,新政府恢复了"祭政一体"的政体,宣布实行神道教国家主义。这个宣言以"定三札、觉二札"五榜立札[1]的方式昭告全国,第三札规定"严禁基督教之典仪"。也就是说,新政府继承了德川幕府的反基督教政策。

泽宣嘉对于蔓延长崎的基督教势头大为震怒,他支持当地非基督徒居民的取缔诉求,重新逮捕了五百至六百名基督徒。他认为放置不管的话,法统就会崩溃。泽宣嘉的意图是,只要咬定基督徒出现"信仰偏差",就可以解决问题,维新政府就能确立权威。

但是,经历了二百年以上的压制却依然坚持下来的信仰心,一旦释放出来,其坚定程度超乎想象——尤其是在德川幕府解体的大背景下,矛盾越来越尖锐了。

> 我们迄今为止从未违抗上命,从未怠租,从未犯罪。但是耶稣教信仰事关上神,即使失去生命也不能改变。

基督徒们显示了彻底抗争的决心。[2] 居留长崎的各国使馆也视

---

[1] 明治新政府(京都朝廷)以向神明起誓的方式向公侯、诸藩昭告国事的方式。1873 年(明治六年)废止,取而代之的是象征法治主义的明治天皇的"诏敕"以及明治政府发布的数量众多的"太政官布告"。——译者注

[2] 《昔日谈》,209 页。

维新政府的集体逮捕行为为野蛮行径,提出强烈抗议。

对新政权来说,事情变得很棘手。如果屈从外压,释放基督徒的话,幕末维新的混乱局面可能加剧,而且,对于一直宣扬攘夷论的新政府来说,无异于自坠威信,进而可能招致敌对势力的反扑。反之,如果继续保持强硬姿态,说不定会导致和欧美国家开战(至今为止一直小心翼翼地回避),这种局面一旦形成,内乱也可能乘机爆发。

今天的世界依然如此。以基督教为内核的欧美外交经常单方面强行推行自己的伦理观。因为他们自己对这一点的正当性从不置疑,所以,就其本质而言,真的是一个麻烦的问题。

列强外交和大隈的自负

在长崎,大隈利用自己关于欧美的丰富知识,在商业规则谈判和贸易谈判上都显示出了高超的手腕。之前努力学习的英学发挥了作用。新政权把大隈提拔为新政府参与[1],他被调往比长崎更加混乱的横滨,负责外交谈判。

从长崎去横滨的路上,大隈被紧急叫到大阪。原来,新政权的干部想从大隈那里听取长崎基督教问题的汇报。

围绕基督教问题,大隈的进言是:应该结束幕府以来的让步主义。幕府外交的基本特点是,面对列强施压一味犹豫,一味让步。

让步主义会产生严重后果。大隈分析道:"接受外国人的要求,释

---

[1] 明治政府新设的官职,由廷臣和藩士担任。后者多是西南雄藩出身的藩士,他们构成了新政府的核心。1869 年 5 月废止。——译者注

放被政府捕获的那五六百犯人，同时开放对耶稣教的国禁，（中略）反对党一定会借机联合，他们会纷纷跑去和幕府合作。东北[1]的气焰就会更嚣张了。"

他认为对策错误的话，新政府的基础就会崩溃。他敦促新政府早下决断："延续之前的让步主义，就无法实施健全的外交。这关系到一国的独立和尊严。"

新政府赞同大隈的强硬路线，在外交总裁山阶宫、木户孝允、小松带刀、后藤象二郎等共同出席的会议上，紧急决定：在大阪本愿寺别院设立机构，委任大隈作为外交谈判代表。谈判的另一方，是代表各国领事的英国公使哈里·帕库斯。

众所周知，英国公使帕库斯在幕末外交史中是个关键人物。他在鸦片战争后的对清谈判中态度强硬，是一个殖民主义时代典型的盎格鲁萨克森外交官，他的亚洲外交策略是"威胁和恐吓"。[2]

谈判开始不久，帕库斯就威胁道："我不和大隈谈判。这种低阶官员根本担不了责任。"大隈感到意外，考虑到这是帕库斯的常用手段，他不为所动。他用所学知识，抗击帕库斯。

---

[1] 1868 年 1 月，讨幕军和幕府军之间爆发戊辰战争。讨幕军东征，迫使德川庆喜于 1868 年 5 月 3 日献城投降。幕府倒台后，近畿以西的中立各藩宣布效忠新政府。但是，东北诸藩结成"奥羽越列藩同盟"，继续对抗。新政府军分三路进击，激战两个多月，终于将其摧毁。尔后，幕府海军副总裁榎本武扬率舰艇逃往北海道，建立"武士共和国"。新政府派陆海军征讨。1869 年 6 月，政府军攻克榎本武扬的最后据点五棱郭（今函馆市），迫其投降，戊辰讨幕战争宣告结束。——译者注

[2] 大隈对帕库斯的评价："性格上是个爽气的人。他掌握了一套用威胁来推动谈判的手法。有时候有些疯疯癫癫，但是内心未必不是个快乐的人。（中略）总之，他是驻我国公使当中的杰出人物，也是个麻烦制造者。这样的人在欧美各国可能不起什么作用，但在当时的东洋，他绝对是个有意思的人物。"参考：《昔日谈》，215—216 页。

一是国际法中关于本国法律优先的规定。他反驳道："以我国之法，惩戒我国之民众，外国干涉毫无道理。关于这一点，我们根本无须和你们谈判。"帕库斯对此的反应是"震怒、挥舞双手、敲桌子"，并加以驳斥。

二是历史知识。大隈历数欧洲历史上基督教招致的种种战端，并尖锐地指出：

> 基督教无疑包含真理的成分。但基督教的历史也充满了弊害，这一点不能忘记。有一位历史学家这么说，欧洲的历史就是战争的历史。另一位宗教学家说，欧洲的历史就是基督教的历史。如果这两人说得不错的话，那么基督教的历史就是战争的历史。耶稣给世间带来的不是和平，而是刀剑。耶稣诞生后，罗马法王的时代开始了，世间风云诡谲，欧洲的民众落入痛苦的深渊，这是谁的过错？从前，各国的帝王有时会做残虐的事，但在这些帝王之上君临一切的，又是谁呢？[1]

非常漂亮的三段论。帕库斯反驳道："再也没有比敌视善良更加罪恶的事，再也没有比不接受真理更加愚蠢的事。（中略）这样下去，日本一定会亡国。"大隈针锋相对地回答："什么都顺从外国人的指挥，才是我国要亡的时候。"会谈不欢而散。

对这场谈判的还原，依据的是《隈公闲话》《昔日谈》等书。这些回忆文发表于1924年（大正十三年）左右，里面可能包含了大隈夸张

---

[1]《昔日谈》，217—218页。

和演绎的成分。英国公使书记官阿内斯顿·萨多是这样描述当时的情景的：

> 哈里公卿和上回见过的日本阁僚们再次讨论了这个问题（基督教问题——作者注），这次岩仓具视也参加了。有一个第一次出场的叫作大隈八太郎的肥前年轻武士口出狂言，说自己读过圣经和"草原本"（原文如此，旨在嘲笑大隈把祈祷本"prayer book"读成了"prairie book"），熟知这个问题，并在我们面前发表了他的见解。[1]

这说明，大隈在回忆录里所言不虚。

本书并不打算深入讨论基督教的历史。需要明确的事实是，新成立的明治政府必须应对此类外交问题，这反过来推动了那些一开始只是盲目举起尊王攘夷大旗倒幕的志士们逐步走向成熟——成长为能够代表国家的官僚或者政治家。外交姿态是一国之本，日本在这个阶段拥有不屈从威胁的政治家，乃是幸事。

这些活动超越了萨·长主导的藩阀政治，给了大隈晋升的机会。阿内斯顿·萨多所指的初次露面的肥前年轻武士大隈八太郎以这次谈判为契机，开始不断巩固他在中央政府里的地位。[2]

---

[1]　阿内斯特·萨多著，坂田精一译：《外交官的明治维新见闻（下）》（アーネスト·サトウ『一外交官の見た明治維新（下）』），岩波文库 1960 年，197 页。

[2]　大隈自己说："没想到因为上面的事件，我在中央政府获得了一席之地。之前，我和政府里的人基本没什么交集，这个时候起，我开始结识木户、大久、广泽等人，我们彼此间自由交谈。相互熟悉以后，我也了解了他们的为人。"参考：《昔日谈》，221 页。

3　从外交到财政

让大隈从志士转型为外务官僚的,是基督教问题的外交谈判;让他成长为代表明治政府的大藏官僚的,是在横滨的外交谈判。

伪造和银币流出

幕末到明治初期,和基督教问题并列的棘手问题,是恶币、伪币以及藩札滥发引发的各类事件。稳定的货币政策对一个独立国家来说,事关信用。

江户幕府以及各藩由于财政窘迫,常态化地通过伪造钱币来增加收入。对维新政府而言,这件事既关乎体面,也关乎国家财政是否会破产这一实质性问题。

根据庆应年间缔结的关税条约,日本政府同意,日本的一分银(一两银币——译者注)三百二十一枚可兑换墨西哥银币一百元。如果允许幕末伪造的不纯一分银、大判(椭圆形大金币——译者注)、小判(小金币,重约一两——译者注)和墨西哥银币兑换,很可能引发大量银币的外流。

幕府末年,发现有利可图的外国商人开始囤积劣质日本银币,要求兑换,数量激增。明治政府发行的太政官札[1]也引发了问题。围

---

[1]　1868 年(明治元年),在由利公正的建议下,维新政府发行的一种不兑换纸币。发行额到 1869 年已达四千八百万两。起初很难流通,官币与正币的比例,在东京、大阪、京都也只有 10:4。而且,因有害于外国资本,受到国际上的指责。1869 年,政府保证缩短通用期限和可兑换新货币,遂变成兑换货币。1871 年开始,可与新纸币兑换,1873 年后也可与公债兑换。1879 年兑换完毕。但是增发纸币的不良影响并未消除,因此有必要对纸币进行整顿。——译者注

绕维新后发行的这种不兑换纸币的有效性和兑换制度,横滨的外国商人和新政府之间发生了激烈争执。[1]

与日本有通商关系的各国对日本的币制改革高度关心。萨摩出身的小松带刀当时卧病在床,他大力推荐大隈负责此事。大阪会谈后,大隈得到提拔,被派往横滨,担任外国官副知官事(外务省的二号人物——译者注)。能得到萨摩第一英才小松的推荐和提拔,佐贺出身的大隈大感意外。大隈毫不隐讳自己当时的惊诧:

> 当时萨摩也好,长州也好,(中略)总之都是萨摩、长州出身者居多。只有外交官领域除外,没有受到排挤。寺岛宗则、町田久成、五代友厚等都是萨摩藩出身,担任外国官判事。这些人多数是得到小松的推荐后获得职位的,他们都是我的前辈。小松罹患肾病,他知道自己无法再站立起来后,开始考虑接班者。如果他从这些人当中选拔后任,也不算私心或送人情,但他没有这样做,而是推荐了我大隈重信。我和其他人一样,都感到意外。[2]

就这样,大隈成了日本外交的总负责人。在调查货币兑换问题时,他认识到这与其说是外交问题,不如说是日本的货币政策和财政政策问题。他对由利公正领导的会计局进行了严厉的追责。

幕末时期,由利曾在越前藩通过发行藩扎来振兴工商业,再通过贸易积累正金,获得了成功。维新政府任命他为御用金谷取扱役(相

---

[1]　参考:冈田俊平《幕末维新的货币政策》(『幕末維新の貨幣政策』),森山书店1955 年。

[2]　《昔日谈》,224 页。

当于今天的财务大臣兼金融和经济政策担当相——译者注),负责政府财政的整顿。由利的政策构想是,为充实明治政权的财政基础,首先,发行太政官札的金札三千万两,贷给各藩或者工商业者。在实现产业振兴的同时,再通过贸易,在国内积蓄正金。他想复制和再现他在越前藩的成功。

当初的设想是,太政官札的流通期限为十三年,国民支付百分之十的利息,用于发展工商业,振兴贸易。但是,结果证明,政府的发行量管控是一句空话。明治二年年末,太政官札的发行量达到四千八百万两,其中的三千万两不是用于产业振兴,而是用在了填补财政赤字上,成为散漫型财政的诱因。因此,太政官札得不到市场的信任。尽管叫作金札,只有正币四成左右的交换价值。[1]

散漫型财政政策在延续,同时,又无法实行统一的货币政策。1869 年(明治二年)3 月,中央政府对由利领导的会计局失望了,对由利持批评态度的外交官大隈重信兼任了会计官副知事。明治初期的外交问题是关乎新政府能否获得国际信用的大事,大隈在基督教问题的处理上经受住了考验。此时的他,又被提拔为了处理货币问题的责任人。

货币问题和国立银行制度

关于大隈重信的财政政策已经有很多研究了,我们在这里重点聚焦货币问题,它是士族解体的根本诱因。另外,我们还将讨论作为"秩

---

[1] 冈田俊平:《幕末维新的货币政策》(『幕末維新の貨幣政策』),森山书店 1955 年,30—51 页。

禄处分"前提条件的国立银行制度。[1]

大隈在关于货币兑换问题的外交谈判中意识到,健全的货币制度至关重要。大隈目睹了外国商人进行恶币囤积和大量兑换的事实,其结果是金银向海外流出。他痛感:"货币原是日本铸造之物,但也是日本无法随意控制之物。"[2]

这种观念是革命性的。因为在锁国时代,货币问题一直被看成是一国国内的问题。大隈在和世界的对话中,认识到货币不是日本之物,而是世界之物。但是,就像大隈自己说的那样:"问题是:日本到底该铸造什么样的货币? 这是一大难题。"[3]

1869 年 2 月,为了处理这个问题,大隈设立了通商司,管理通商贸易,全权负责货币流通和物价稳定。这样一来,"内外货物,金银一切的权利"从居留地(指长崎、横滨等特区——译者注)贸易商那里回到了国内商人的手中。大隈试图通过促进国内物产的流通,以及国产化奖励,来实现货币统一。

作为通商司的执行团队,大隈模仿西欧的股份公司,设立了振兴内外贸易的通商公司以及提供资金的外汇公司。具体说来,要求东京、大阪、京都、横滨、神户、新潟、大津、敦贺这八个城市的商人(豪商)出资,以股份制的形式设立通商公司和外汇公司。通商司对这些股份公司给予政策优待和资金援助,以便政府全面掌控通商和外汇业务。

---

[1]　关于大隈财政政策的全貌,参考:中村尚美《大隈财政的研究》(『大隈財政の研究』),校仓书房 1968 年;冈田俊平《幕末维新的货币政策》(『幕末維新の貨幣政策』),森山书店 1955 年。

[2]　早稻田大学图书馆藏《大隈文书》(『大隈文書』),微缩胶卷版。

[3]　同上。

以横滨通商、外汇公司为例,该公司由三井家的三井八郎右卫门为主设立,动员了东京、横滨的五十名商人,共集资二十万两。对资本金支付每月一步的利息(月息1%——译者注)。可用于借贷的资金包括资本金的八成,以及政府出借的太政官札三十万两,待遇不可谓不优厚。[1]

同样,以三井八郎右卫门为主出资设立的东京外汇公司,以将近一百万两的资本金开始运作,同样也受到通商司优厚的保护。

这些优厚的保护措施包括:政府贴补通商和外汇公司的运营费;政府出借巨额太政官札给公司;如果通商活动需要,可发行货币。[2]

尽管保护措施优厚,除横滨外,各地的公司都产生了巨额经营赤字。1870年(明治三年)年末,通商司体制走到了尽头。1871年7月,通商司被正式废止,各地的通商、外汇公司相继解散。

通商司失败的原因是多方面的,如:监督出资商人的组织架构不完善,对股份制公司的无知,商法制度不完备等。出资的商人们基本上都是各自开展商务活动,缺乏追求公司利益的激励机制。还有,通商、外汇公司的权责也不甚明确。[3]

---

[1] 早稻田大学图书馆藏《大隈文书》(『大隈文書』),微缩胶卷版。

[2] 一开始只允许东京外汇公司发行银券。之后,发行权也授予了京都、大阪的公司。再后来,各地的外汇公司都获得了发行兑换券(金券)的许可。参考:中村尚美《明治初期的经济政策——通商·外汇两公司的作用》,《史学杂志》1959年第68卷第1号,27页(「明治初期の経済政策——通商・為替両会社の役割」,『史学雑誌』)。

[3] 例如,大阪通商公司于1873年解散,57万日元的负债由大阪外汇公司承担。结果,其中22万日元无法偿还,公司破产。到底谁负责经营,利益又如何分配,这一切在当时都不甚明了了。参考:中村尚美《明治初期的经济政策——通商·外汇两公司的作用》,《史学杂志》1959年第68卷第1号(「明治初期の経済政策——通商・為替両会社の役割」、『史学雑誌』)。

　　大隈因批判由利的财政政策而登场,但讽刺的是,通商司制度下,更多的太政官札被发行出来,初期的大隈财政不得不惨淡收场。维新政权意识到,最好的货币政策应该是发行可兑换纸币,以此为基础,才能培育国内产业。

　　为统一货币,创设负责发行兑换券(纸币)的银行就成了大隈财政的急务。发行兑换券首先要确保作为货币基材的地金银(金银币的原材料——译者注)。在地金银回收和新旧货币发行的代理方面做得最成功的,是后面第 5 章介绍的三野村利左卫门率领的三井组(集团)。三野村靠拢当时的大藏少辅井上馨、权大丞、涩泽荣一,以及造币权头益田孝,承办了通商司的核心业务。大隈给予三井集团的特权不单是地金银的回收,新旧货币兑换,还赋予了在明治政权下培育金融资本的大任。

　　1871 年 7 月,大久保利通主导了大藏省改革。眼见通商司被废止,三井提出了设立三井银行的想法。太政官札的流通期限是 1872 年年末,三井集团颇为自负,认为无论从地金银的储备量,还是新币铸造能力上讲,可以担负起兑换券发行重任的只可能是三井。大隈、井上、涩泽联盟也是这么想的。

　　按照井上、涩泽等大藏省官员的考虑,三井银行的架构将参照英格兰银行,即以黄金储备作为发行兑换券的基础。但是,参加岩仓使节团回来的伊藤博文主张以美国国立银行制度为范本,认为分权化的国立银行制度更加有效。对大隈、井上的独断专行颇为反感的大藏省也倾向于伊藤的主张。三井银行的设立申请被驳回。

　　伊藤提议的《国立银行条例》借鉴了 1863 年的美国联邦银行法。该条例规定,以把资本金的三分之一和三万元以上的政府债券交付到国库为条件,在预托债券市价的百分之九十以下且不超过银行资本金总额的范围内,给予纸币发行权。

美国银行制度的背景是:美国政府为了筹措南北战争的军费,需要发行大量政府债券,唤起国内需求。伊藤认为,在整顿明治政府发行的太政官札方面,这是一个非常合适的制度。[1]

但是大隈认为,伊藤方案对整顿太政官札是否有效暂且不提,是否真的能发行有信用的货币存疑。明治四年至五年,在银行制度的选择问题上,新政府内部发生了激烈辩论。一派主张采用基于金本位制的英国黄金银行方式,一派主张导入以太政官札的整顿为目的的美国型的国债预托方式。

争论的结果是,美国国家银行制度的支持者作出让步,同意发行纸币和金银兑换;英式金本位制的拥护者表示不妨碍公债预托,双方妥协。1872 年 11 月,涩泽荣一纸币头和芳川显正权头起草的《国立银行条例》正式颁布。

根据这个条例设立的银行,资本金的十分之六可以用太政官札、政府纸币抵充,以金札(可兑换黄金的纸币——译者注)兑换公债证书的方式预托给大藏省后,银行即可获准发行等额的银行券。资本金的另外十分之四,必须以正币作为兑换准备金。

大隈财政希望依托这个妥协性条例,回收太政官札和政府纸币,并发行能够满足流通需求的银行纸币。同时,通过提高兑换率来保证银行纸币的信用。回顾这段历史时,我们发现:明治政府为构建适合

---

[1] 具体经过,参考:中村尚美《大隈财政的研究》(『大隈财政の研究』),校仓书房 1968 年,36—37 页。

日本需要的金融体系,积极收集发达国家的相关信息,可谓煞费苦心。

不过,事情没那么简单。不是有了条例,就马上可以建立起健全的金融机构,稳定货币流通。根据国立银行条例设立的银行只有四家,即:三井、小野组(财阀)组建的第一国立银行,横滨外汇公司重组后设立的第二银行,以越后平原的地主为主设立的第四银行,以及以萨摩藩主岛津家的资本为主设立的第五银行。之后,事情的展开并没有像政府预期的那样顺利:银行发行银行券,同时回收大量政府纸币。实际情况是:这四家银行很快遭遇到资金短缺之苦,1874 年,多家银行面临经营危机。

国立银行出现危机的原因是什么？首先,日本国民并不知晓什么是银行业务。这是一方面的原因,最大的原因是政府纸币的滥发。维新后,发生了慢性财政危机,新政府为了弥补财政支出的不足,一直在发行政府纸币。同时,开港以来,贸易逆差一直得不到缓解,正币持续流出,正币价格持续走高。

为此,新设立的国立银行一发行可兑换的银行券,人们马上就来兑换正币,银行准备金很快降到谷底。国立银行的银行券发行业务不得不停止,银行整体的运营随之陷入僵局。

1874 年年末,政府纸币的发行额累计已达 9 655 万日元,是可兑换银行券的 120 倍。通过国立银行稳定货币的计划成了画饼。在国立四大银行紧急求援,以及大量正币流出的情况下,新政府被迫修改了《国立银行条例》。同意除了可以和正币兑换外,银行券也可以和银币、政府纸币进行兑换。

这一修改意味着放弃通货稳定政策,专注于保持货币供应的稳定。其实,这一政策转换并不只是为国立银行舒困,还有一个重要原因,那就是当时最大的悬案——士族的"秩禄处分"问题。虽然财政极度困难,大隈财政依然需要解决新政府"最大的难题"——士族解体。不要忘了,这个阶级曾是维新运动的功臣。

只有实现社会经济的自立,才有真正的独立

在进入士族解体(详见下一章)这个难题之前,简单概括一下本章的主要内容。维新志士们高举尊王攘夷的旗号,毅然讨伐幕府。新政权成立后,他们突然意识到自己成了日本这个国家的代表,责任重大。这种自觉意识的萌生,有外部帝国主义列强的刺激,尤其是在外交谈判中。当时,作为外交事件,基督教问题和货币兑换问题是新政府面临的头等大事。

本来寂寂无名的佐贺藩士大隈重信,在藩政改革的过程中意识到兰学和英学的重要性,辗转刻苦学习。维新后,他受到重用,被任命为长崎临时政府的一员。由于能力出众,他接受新的任命,全面负责当时最大的外交悬案——基督教问题,从而在中央政界声名鹊起。再后来,他的外交手腕得到政府高层的肯定,大隈被派往横滨从事另外一项重要工作——就货币兑换问题和外国商人谈判。横滨是当时最大的外贸口岸,那里的外国商人像秃鹫一样嗅觉灵敏、出手果断。在这一系列谈判过程中,大隈从一名攘夷志士转型为代表日本的外务官僚。

横滨的外交谈判异常艰难。在和欧美列强以及外国贸易商的谈判过程中,大隈痛感到建立健全的国内财政体系的重要性。如果不能建立起一套有信用的货币制度,打造一个具有财政自主性的国家,就不可能在外交和通商问题的谈判桌上受人尊敬,获得平等的地位。以

外交经验为铺垫,大隈后来成为了明治初期的最高财政官僚。这对于大隈和明治日本,都是一件幸事。大隈的观点很清楚:没有健全的财政基础,就不可能有真正的国家独立,更谈不上在万邦对峙的国际社会立足。

在当下,很多政治家、官僚却认为"财政问题是国内问题",他们习惯于把国内财政和外交问题分开来考虑。其实,过去和现在都一样:如果放任国内财政问题恶化,国家信用就会丧失。

财政健全化是一个独立国家履行对外责任的基础。明治政府牢牢把握住这一点,把它作为国政的核心,殚精竭虑,这充分体现了明治政府的先进性(无论是在认知方面还是行动方面)。在此种觉悟之下,明治政府决心和自己的出身母体——士族阶级诀别,实施"士族解体"。这是一场伴随阵痛的改革。

反观今日之日本,还有这样能够壮士断腕的政治家和官僚吗?

第 3 章

明治政府的创新性回应
——用身份交换资本

イノベーターたち
の日本史

明治维新是由封建体制的末端——下级士族主导的,这一点和资产阶级革命有所不同。这个群体打倒了封建体制,但同时,由于他们自身也是封建制度的一部分,最终也须被打倒。随着现代化进程的开启,明治维新政权必须进行自我否定和更新。不得不说,这是一个充满矛盾的体制。

　　以大隈重信为首的明治志士们在外交历练中,逐步成长为代表独立国家的官僚。他们在外交活动中意识到,稳定的货币制度和财政制度是立国之本。如果不能建立自主性的货币体系以及支撑它的财政基础,日本不可能作为独立国家,堂堂正正地和列强交涉。

　　幕末志士们成为外务官僚,又从外务官僚变身大藏官僚,这是一种创新性回应。维新官僚肩负日本的独立重任,这种自觉性越强,他们在谈判过程中越意识到日本薄弱的财政基础的尴尬地位。事实上,明治政府还有更困难的课题要解决,那就是解体他们的出身母体——武士阶级。这也是明治维新的必然逻辑。

　　打倒幕藩体制就意味着打倒封建体制。也就是说,维新意味着推翻德川幕府的统治,也意味着推翻旧体制下的武士阶级。而且,新政权的财政基础不牢,为此不得不持续增发不兑换纸币,导致正币不断流出。要解决这些困扰,必须进行财政结构的根本性改革。

在这一时期,最大的财政负担来自旧士族。封建制被打倒后,他们沦为了不劳而获的阶级。由于财政恶化,他们成了新政权的"不可承受之重"。话虽如此,多数维新官僚出自各藩的下级士族,他们和这个阶级有着千丝万缕的联系。士族解体意味着抛弃武士的荣耀,也意味着抛弃曾经共同战斗的同胞。这个问题相当棘手。

面临挑战,维新官僚们显示出了超凡的创新性回应能力。他们发行金禄公债,用以换取士族阶级的身份,再把公债转化为产业资本。这是一个相当大胆的计划。在这个计划里,如果没有产业主体,即具有创新性回应能力的企业家,是不可能实现的。

即,这是一个"双重创新性回应"的过程。明治政府因为财政困难,不得不考虑通过"秩禄处分"解体士族。接着通过"士族授产政策",把他们转化为产业资本家——这是第一轮创新性回应。接下去,受政府创新性政策的刺激,那些能够敏锐地抓住时代机遇的士族开始了第二轮创新性回应:他们华丽转身,成为了日本现代化以及日本资本主义的主角。

本章将详细介绍明治政府主导下的这一创新性回应的全过程。

1 财政再建和秩禄处分

如前所述,明治维新不是在新兴资产阶级领导下,从外部打破旧体制的一场市民革命,也不是天皇自上而下统一群雄,结束封建割据,确立绝对王政的过程。它是一个混合物——它由先进的下级士族主导,因此具有一定的资产阶级革命的色彩,它同时也是尊王攘夷者发动的倒幕运动,具有绝对王政的色彩。因此,明治维新是一场具有鲜明日本特色的革命。

以下级武士为主体的武士阶级是革命的主角,同时,他们也是革命的对象——武士阶级是封建体制的一部分。对新政权来说,要对过去的同胞和战友下手,进行身份解体,不是容易的事。但是,明治政府想走"国民皆兵"的富国强兵路线,而且,之前提出的革命口号是"四民平等"。新政权和武士阶级的共存,不具备理论上和现实上的可能性。

版籍奉还·家禄奉还·征兵制度

作为藩政解体的第一步,1869 年(明治二年),明治政府要求"版籍奉还"。由此,各地大名(诸侯)的领地和领民返还给了天皇。版籍奉还意味着持续数百年的封建制的终结。对武士阶级来说,意味着自镰仓幕府以来的既得利益的丧失。

不过,明治政府的手段实属巧妙,封建阶级受到的震荡被巧妙缓和。版籍奉还的同时,参加倒幕的旧藩主以及武士阶级基于各自在戊辰战争[1]中的战功,得到了优厚的回报。

---

[1] 在这场战争中,拥护天皇,主张"大政奉还"的讨幕军取得战争胜利,幕府势力被肃清,明治维新得以开始。1867 年日本孝明天皇死,明治天皇即位。1868 年(戊辰年)1 月3 日,日本萨摩、长州等六大强藩与主张倒幕的公卿势力在京都发动政变,颁布《王政复古大号令》,宣布废除幕府,建立以天皇为首的新政府,令幕府将军德川庆喜"辞官纳地"。并以明治天皇命令的形式,将上述决定向全国公布。1 月 8 日及 10 日,德川庆喜在大阪宣布《王政复古大号令》为非法,并率军 1.5 万人向京都进军,战争爆发。以萨摩、长州两藩为核心的 4 500 名新政府军,在京都附近的鸟羽、伏见等地迎击幕府军的进攻。经两天激战,德川庆喜败走江户(今东京)。天皇下令以有栖川富炽仁亲王为东征大都督,率兵 5 万东征,迫使德川庆喜于 1868 年 5 月 3 日献城投降。

幕府倒台后,近畿以西的中立各藩宣布效忠新政府。但是,东北地区仍拥护幕府体制,会津、庄内两藩结成同盟,继续与新政府对抗,并得到仙台、米泽、新发(转下页)

战功酬金称为赏典禄,总额达到 20.337 6 万两,相当于国家财政的三成。赏典禄被重点分配给旧藩主和家臣团。这笔钱是对打倒封建体制的奖赏,同时,它也安抚了旧体制。

这一妥协政策实施的背后,说明这时的维新政府还没有建立起强有力的中央集权体制。[1] 赏典禄后来对财政造成巨大压力,反而成了士族解体加速的原因。

版籍奉还之外,明治政府还规定:"一门以下,直到平士,皆称士族。"各藩藩士也都改称士族。这样,就产生了一个新的社会阶级——士族。明治日本出现了华族、士族、平民三大阶级。

但是,各藩原本从家老到下级武士,存在各种阶层。如果都称士族,不少人有抗拒心理。于是,各藩中又分出了上士、中士、下士,或者一等到九等的等级,维持了士族中的等级体系。

次年也就是 1870 年 9 月,新政府就"新藩制"发布通告:"除了士族和卒,不应再有其他等级。"于是,原先的武士阶级被分成了士族和卒两大阶层。这里的"卒",包括了下级士族和"足轻小者"等准士族。[2]

───────────────

(接上页)田、长冈等 31 个藩的支持,他们于 6 月结成"奥羽越列藩同盟"。9 月,炽仁亲王再率 4.3 万新政府军分三路进击会津等地,与"奥羽越列藩同盟"的军队激战两个多月,将其摧毁。尔后,幕府海军副总裁榎本武扬率舰艇八艘逃往北海道,建立"武士共和国"。新政府派陆海军征讨。1869 年 6 月,政府军攻克榎本武扬的最后据点五棱郭(今天的函馆市),迫使其投降。戊辰讨幕战争宣告结束,它为日本实行维新改革扫清了障碍。——译者注

[1] 关于这一点,丹羽邦男认为:"围绕赏典禄的对立,没有发展为大规模的政斗,是因为官僚群体还不成熟。在内政方面,官僚们还未形成可与领主统治相抗衡的政策。"官僚制国家的树立,是倒幕以后,新体制逐步精细化的产物,需要一个过程。参考:丹羽邦男《明治维新的土地改革》,《近代土地制度史研究丛书》第 2 卷,修订本(『明治维新の土地改革(近代土地制度史研究厳書 第二卷・修订版)』,御茶之水书店 1972 年,79 页。

[2] 足轻是最低级武士,小者是部队里的杂兵,称不上武士。这里简单介绍一（转下页）

从第二年起,士族、卒阶级逐步失去了他们自廉仓幕府以来的特权。首先,1871 年 12 月的解禁布告宣布,士族可以在保留士族籍的情况下,参加农工商活动。以前,武士如果要从事农工商职业,必须先放弃武士籍,成为平民。这项解禁措施影响深远,等于宣布:士族只是一个名号了,不再是"执政的特权阶层"。

接着,1873 年发布了"家禄奉还"布告,劝告士族阶级奉还作为封建制基础的"家禄"。政府在表面上说,家禄奉还并非属籍的奉还,但是,士族籍和家禄分离,是武士阶级走向消亡的第一步。说实话,比起明治政府在物理层面上对士族特权的剥夺,精神层面的剥夺,打击更大。

精神层面的剥夺主要指:在幕藩体制下,武士是掌握统治权的统治阶级,现在,他们和其他阶级被同等看待,因为新政权宣布"四民平等"。1871 年(明治四年),新政府宣布华族、士族、平民之间的通婚合法化,第二年,在法院的判决书中,更是写明了"四民平等"的原则。[2]

不同阶级间婚姻自由、审判平等,这显示了维新的大义。对士族

(接上页)下幕府时期日本的武士等级构成。诸藩虽有所不同,但基本以幕府的体制为蓝本。幕臣的最高等级是"大名分",俸禄一万石以上,与大名一样领有官位,可以"守名乘"(继承)。例如,在俸禄百万石的前田家,以俸禄五万石的本多播磨守为首,有这类藩臣十二人。其下依次是,年寄列:家老或中老,俸禄一万石以下,是藩政的最高负责人;用人列:侧用人、用人、奉行者;番头、物头:番头是骑兵大将,而物头是足轻大将,他们平时担任警备工作;马回:是大名的直辖武士,平时担任各种职务,是藩政的执行者;徒士:徒步武士,平时负责辅助马回;卒:同心、足轻这类低级武士,他们平时担任警卫等;中间、小者:战时各队附属的杂兵,不算正式的武士,只是奉公人。——译者注

[1]　关于士族的形成、解体以及授产,吉川的研究最为翔实。参考:吉川秀造《士族授产的研究》(『士族授产の研究』),有斐阁 1935 年。本书的记叙多依据该书而来。下级士族和卒的定义各藩不同,具有多样性。

[2]　"法院审判过程中,不分尊卑……对官员、华族、士族、平民,平等论处。"明确了公平审判的原则。参考:吉川秀造《士族授产的研究》(『士族授产の研究』),有斐阁 1935年,14 页。

来说,这意味着身份的否定。同年,之前一直由士族独占的官职也适用"四民平等"原则。一度独占政治、行政大权的武士阶级在这方面也失去了特权。

决定性的制度改革是征兵制。"作为兵力的武士"到了紧急关头,一旦战事爆发,就要挺身奉公(幕府)。正因为这样,他们才能在平时领取优厚的俸禄。所以说,当兵的权利是他们最大的特权。

明治政府在 1873 年(明治六年)发布了征兵令,宣布在"国民皆兵"的原则下,组建中央集权型军队。国民皆兵是集权制国家的保障,但对数百年来"称姓佩刀"[1]"作为兵士的武士"来说,无疑是对其存在意义的彻底否定。

封建制的基础是"恩宠和奉公"。具有军事性质的"奉公"如果不存在了的话,领取恩宠(俸禄)的依据就消失了。在幕末的长州藩,高杉晋作成功地组建了一支由农民组成的奇兵队。这说明,不一定非得武士,农民也可以组建强大的军队。

高杉组建的草根混编部队给新政府推行征兵制带去了信心,负责征兵制的正是晋作的弟子山县有朋。

财政恶化和士族解体

大隈的货币改革失败以后,维持士族开支这一项,越来越成为新政府的不可承受之重。按照 1869 年(明治二年)的推算,明治政府的总收入约 198 万石。支出方面,包括内外债利息在内,总支出 324 万

---

[1] 称姓和佩刀(一般有大小两刀),是日本武士阶级的两大特权。明治维新之前,日本的平民有名无姓,也不能随身佩刀。——译者注

石,也就是说,出现了约 126 万石的赤字。[1]

新政府的财政基础薄弱:政府直辖地有限,只占总收入 3 000 万石中的 700 至 800 万石,其他依然处于旧藩主层的支配之下。

再者,因为签订了不平等条约,1876 年(明治九年),日本政府可以自主收取的关税收入只占全部关税收入的 3.2%。明治政府必须先把征税权拿到手。只有税收确保了,才能为现代国家建设投资基础设施、洋式军队,开展殖产兴业,减少贸易赤字等。这些国家现代化的举措,都离不开税收这个大前提。

一方面财政收入有限,另一方面,对旧华族、士族支付的家禄、赏典禄、寺社禄等开支竟占了政府支出的 32%。[2] 士族阶级已经成了现代国家建设的重大负担。

从志士转型为维新官僚的新政权的领袖们,已经没有余地再去顾念私情。对于在新国立银行制度建设上遭受挫折的大隈来说,为了统一货币、防止正币流出,建立健全财政制度,秩禄经费必须削减。

如果只把"秩禄处分"理解为财政重建,是对明治维新意义的矮化。对新政府来说,士族阶级解体是明治维新的大义所在。这一点,远远高过减轻财政负担这一具体目的。

前面说过,在"秩禄处分"之前,明治政府已经从"四民平等"的原则出发,逐步剥夺了士族阶级的特权。明治维新的精神领袖之一木户

---

[1] 丹羽邦男:《明治维新的土地改革》,《近代土地制度史研究丛书》第 2 卷,修订本(『明治維新の土地改革(近代土地制度史研究厳書　第二卷·修订版)』),御茶之水书店 1972 年,120 页。

[2] 1871 年 10 月至 1872 年 12 月的年收入合计 5044 万日元,对华族和士族的支出达到了 1607 万日元。参考:田中彰《体系·日本历史 5:明治国家》(『体系·日本歴史 5 明治国家』),日本评论社 1967 年,148 页。

孝允旗帜鲜明地指出,士族解体是新政权追求"四民平等"的必然归结。他身先士卒,在长州藩全力推动这一新政。

新政权倡导"天皇之下,四民平等",推行全民负担赋税制度、全民征兵制度。对士族的既得利益继续加以保护,和明治维新的大义格格不入,没有温存的余地。

2 秩禄处分和士族授产

秩禄处分的展开

1869 年,在大久保利通和木户孝允的主导下,"版籍奉还"率先实施,后又推行了"家禄奉还"。家禄不再从藩主那里领取,改为从政府那里领取。禄制由大藏省管辖。

第二年,实施了针对皇族、公家的禄制改革。华族作为"天皇的藩屏(亲兵队)",由宫内省统制。皇室在十五年间每年拨款 1 500 元作为赏赐,因此,华族依然可以享受优厚的待遇。[1]

和公家改革相比,士族的秩禄处分由于问题复杂,花费的时间较长。特别是,不时抬头的士族反叛以及西乡隆盛的征韩论[2]等,在政

---

[1] 田中彰:《体系·日本历史 5:明治国家》(『体系·日本歴史 5 明治国家』),日本评论社 1967 年,152—153 页。另外,根据 1884 年制定的华族令,创设了爵位制。元勋、将官等功勋者编入华族,华族制度得到强化,成为日后贵族院的基础。扩充华族制度,是为开设帝国会议作准备——因为开设国会后,大量民权派将会参加到政局中来。

[2] 按照一般说法,西乡隆盛不惜以自身性命为赌注挑起战端,"征伐"不愿开战的朝鲜。然而遭到大久保利通的反对,认为应优先照顾国内事务。双方争执不下,西乡隆盛在 1873 年带着支持者下野。明治维新后兴起的"征韩论"对日本的政局产生了巨大影响。维新元勋西乡隆盛因此造反,酿成西南之乱。后来,伊藤博文被刺杀,也与此事有关。——译者注

府内部造成了很大混乱,结果,尽管财政窘迫,秩禄处分无法按期在1876 年(明治九年)前完成。[1] 下级士族是明治维新的推动者,却被不断剥夺特权和待遇,他们的不满在堆积。就在天皇眼皮子底下,西南雄藩爆发了"士族之乱"。

在严酷的现实面前,新政权意识到单方面废止家禄的话,风险太大。他们想到的对策是发行"金禄公债证书"。根据士族的俸禄发行一批附加利息的公债,可以保证有年利 7 分的收入。以此为条件,实施士族身份解体。这是一个非常有创新性的政策设计。

同年 8 月,《金禄公债证书发行条例》出台。幕府体制下发放的俸禄用一定的公式计算出总额,在总额的基础上再附加 7 分年利,以公债的形式发放给士族。

发放对象是大名(诸侯)和家臣团,约 19 万个家庭。公债发放后,支付给旧士族的俸禄废止。秩禄处分中的公债发行,是有偿废除封建身份的一种手法。这是一个重要的历史事件。

政策结果:压迫政府财政的秩禄负担减轻了;士族们获得了一笔可观的公债,用其中的利息可以度日,有了安心感。这一政策的创新之处在于,用一次性发行的公债买断旧士族阶级的特权和身份,免除了后患。

如前所述,明治维新打倒了持续 260 多年的德川幕府,它是一场复合革命。一方面,它具有以天皇制为象征的绝对王政复古的侧面,另一方面,它是在下级士族和开明公家的支持下实现的一场革命,具

[1] 1873 年后,士族反叛频发。比如,1874 年江藤新平发动佐贺之乱,1876 年熊本县发生神风连之乱,以及闻风而起的福冈县秋月之乱、山口县荻之乱等。1877 年,维新运动的特殊功勋者西乡隆盛在鹿儿岛发动叛乱,西南战争爆发。

有"四民平等"的市民革命的侧面。

既然是市民革命,它必然要破除寄生在封建制度下的特权阶级的既得利益。多数场合,这种革命伴随着大量流血。比如,英国克伦威尔政权的镇压、法国雅各宾派的清洗等,历史一次次呈现血淋淋的场面。1688 年的英国"光荣革命"被称为"不流血的革命",但比较起来,日本明治维新的流血可能才是最少的。

当然,在幕末动乱以及持续一年半的戊辰战争中,很多维新志士和幕府军死亡,但这不是为了扫除旧统治阶级。新政府成立后,巧妙地阻止了可能出现的反叛,用非常少的流血遏制住了初期的混乱——用政策化解危机,即用公债买断封建身份的政策奏效了。历史见证了明治政府的创新性回应。

和秩禄处分同时进行的,还有《国立银行条例》的修订以及士族授产政策。这些政策一半是计划性的,一半是应变性的。最终,公债成功地转化为了明治初期的产业资本。那些获得较多公债的藩主层、上级士族层把公债拿出来,用于设立国立银行,对产业领域的信用创出(融资)作出了贡献。

下一章我们将介绍典型案例:一些士族不只是领取公债,他们还把公债转化为了资本。他们利用自身的克己心和勤勉精神,成功转型为了企业家和经营者。

有人打比方说:"秩禄处分"相当于"把公务员全员解聘,政府用公债支付退职金后,再聘用最小限度的公职人员"。[1] 实际上,明治

---

[1] 落合弘树:《秩禄处分——明治维新和武士的解聘》(『秩禄処分——明治維新と武士のリストラ』),中公新书 1999 年,i—iii 页。

政府的创新性政策设计比这复杂多了,也难多了。为什么? 因为要把国家公务员的退职金转化为新的产业资本,需要在他们中间寻找有企业家精神的人,并把他们塑造成为能够承担现代化使命的企业家。

大久保利通和士族授产

新政权的心态很复杂。既不愿意看到对政治有强烈关心又心怀不满的士族发起激烈的反政府运动,也不愿意看到士族们穷困潦倒。积极的应对之策是让他们找到某种新职业。显然,公职的扩充因为财政上和物理上的理由,十分有限。

新政府想到的对策是"士族授产"。给士族足以自救的生产手段,就可以把他们从无所事事的状态中解救出来。内务卿大久保利通出于国内治安稳定的需要,一方面对心怀不满的反叛士族实施严厉镇压,同时也希望能用一些方法,让士族成为产业振兴的担当者。[1] 和既是同乡又是同僚的西乡隆盛比起来,大久保被认为理性冷静,略显寡情薄义。但换个角度看,大久保领导了明治维新,给士族们开辟了一个新的大显身手的领域,可能,这才是真正的"士族派"吧。

大久保把"国家安宁、人民保护"作为内务省的中心议题。他在监督地方官员、扩充警察机构的同时,注意留心各国的劝业政策,积极筹划各种事业。但是,由于西乡隆盛的"征韩论"和西南之役的爆发,以及大隈初期财政政策的失败等,秩禄处分以及产业振兴总体上推进缓慢。

在秩禄处分大局已定之后,大久保从国家安宁的角度出发,开始设计具可操作性的士族授产计划。1876 年(明治九年),大久保和大

[1]　吉川秀造:《士族授产的研究》(『士族授産の研究』),有斐阁 1935 年,258—264 页。

藏卿大隈联名提出"关于设立放贷局以及资本票据发行的建议"。为了让禄制废止后的士族手中的资金转化为资本,需要设立资本借贷机构,对民间企业以及对士族授产企业进行融资。

1877 年,士族授产正式启动,融资是核心事务。在大久保推动的士族授产事业中,代表性的案例有:政府直营的东北开垦、福岛二本松制丝工厂援助、郡山安积原野的开发等。

大久保通过士族授产,给了那些想参与国事又踌躇不前的士族一个机会:把未开垦的荒野转化为肥沃的农地。这是很大规模的开发计划。但是,东北的士族开垦事业需要移民自己支付数额庞大的路费、管理费等,不是很顺利。

另一方面,支援新事业的融资进展顺利。得到贷款的士族企业投身制丝业、制茶业等,这些都是出口主导型产业。他们在各地起到了带头作用。另外,漆器、陶艺、纺织等各地名特产制造企业规模扩大,有不少成功案例,但也有失败的,比如牧羊业。为减少进口,一度从欧美引进技术,开展尝试,但是国内的牧羊条件并不理想,最终以失败告终。

从整体上看,对士族授产事业的融资顺利,不乏开创性的成果。但从结果上说,不成功的数量占了半数以上。很多贷款在帝国议会开幕前被减免,剩下的也几乎无法回收。不成功的原因有很多,比如:士族们普遍没有管理企业的经验,对收支的预期过于乐观,难以确保原材料供应和市场销路等。另外还有一个不得不提的原因:授产期间刚好发生了松方通缩[1],经济全面萎缩。不只是士族企业,这一时

---

[1] 受明治十四年政斗的影响,大隈从大藏卿的位子上退下来,取而代之的是松方正义。为了应对通胀压力,松方实施了严格的财政紧缩政策,引发了明治最大的经济不景气。参见第 4 章第 3 节。——译者注

期的很多创业型企业都破产了。

士族授产事业并没有产生很多盈利,但那些在社会剧变中一度迷失方向的士族看到了某种希望。姑且不论它是否具有让不满分子远离民权运动的政治效果,至少,它为刚刚诞生的明治国家的稳定作出了贡献。

另外,士族企业的失败具有某种试验和示范效应,用今天的话来说,他们为刺激创新、创业作出了贡献。成功案例虽然较少,或者有的事业中途由平民接手了,但它的意义和影响是深远的(下一章详述)。

第 4 章

士族们的创新性回应
——"武士会社"的登场

イノベーターたち
の日本史

前文讲到,货币兑换纠纷引发外交问题,这促使幕末志士们从志士转变为了维新官僚。在作为维新官僚开展外交活动的过程中,他们进一步意识到:没有稳固的国内财政基础,就无法保持一以贯之的外交姿态。于是,为回收不兑换纸币,新政府发布了《国立银行条例》;为减轻财政负担,新政府开展了"秩禄处分"——进而,对失业士族推出了"士族授产"政策。

这三大政策,一半具有计划性,一半是偶发的,三者相互补充,最后形成了一个完美的政策设计。明治政府面临的历史使命是:对外避免殖民危机,对内进行体制改革。维新后,新政府以壮士断腕的决心进行了自我否定,这就是"秩禄处分",用公债买断身份,这是一个有划时代意义的政策。这些都印证了明治政府和维新官僚身上的"创新性回应"能力。

但是,光有明治政府的"创新性回应"是不够的——没有承接这些政策,开展创新性回应的企业家,不可能实现经济发展。[1] 在后发国家的发展中,政府和官僚进行的政策性、制度性创新属于"第一次创新

---

[1] 这样的创新性主体,熊彼特称为"entrepreneur"。参见:熊彼特《经济史上的创新性回应》,《经济史杂志》1947 年第 7 卷第 2 号(J. A. Schumpeter, *The Creative Response in Economic History*, *The Journal of Economic History*, Vol.7, No.2, 1947)。

性回应"，民间企业家的创业属于"第二次创新性回应"。也就是说，这是一个"双重创新性回应"的过程——两者缺一不可。

本章将介绍士族授产企业中的成功案例。企业家们对政府的秩禄处分和授产政策进行了敏锐的反应。这些案例可以让我们进一步理解"双重创新性回应"的含义。

1　笠井顺八和水泥事业

我们首先来介绍笠井顺八和他的小野田水泥制造株式会社。小野田水泥创设于 1881 年（明治十四年），公司地址在现在的山口县小野田市。它是日本最早的民营水泥企业。该公司和接手官营工厂的浅野水泥一起，无论战前和战后，都是水泥界的两大翘楚。[1]

按现在的说法，水泥不是附加价值很高的产业。但在当时，所有建筑物、基础设施的建设都离不开水泥，它是重要的基础产业。起初，日本需要大量进口水泥。为了减少贸易赤字，急需国产化。小野田水泥是在"士族授产"关联的政府贷款的帮助下设立的，是当时为数不多的现代企业之一。

在士族授产企业中，有些在设立之初就采用了现代工厂制度。除小野田水泥外，还有广岛纺织会社（1881 年设立）、冈山纺织会社（1883 年设立）、名古屋电灯会社（1889 年设立），共四社。

---

[1]　现在，占据日本市场份额第一位的太平洋水泥的前身就是小野田水泥株式会社。1881 年的名称是"水泥制造会社"，在现在的山口县小野田市设立。1891 年变更为小野田水泥制造有限责任会社，1893 年更名为小野田水泥制造株式会社，1951 年再次改名为小野田水泥株式会社。本书使用的"小野田水泥"是这些社名的统称。

　　不过,广岛纺织会社第一工厂的前身是政府官营工厂,冈山纺织会社原本就有,拿到士族授产金贷款的士族们进一步参股,改组了原来的会社。名古屋电灯会社在正式经营前已决定偿还政府的士族授产金,因此不算纯粹的士族授产企业。[1]

　　士族授产企业的代表是小野田水泥。通过这个案例,我们可以在一个很长的时间序列上来考察创业者的意愿、资金筹措、技术转移以及艰难的创业历程。[2]

　　关于士族授产以及士族在日本现代化中的作用,存在相左的意见。[3] 因为士族授产企业多数以失败告终,有人嘲笑这是"士族的商法"[4]。也有人持肯定态度,认为他们奠定了明治初期日本现代产业的基础。[5]

---

[1]　关于广岛、冈山的纺织会社,参考：绢川太一《本版棉纱纺织史》第三卷(『本邦綿糸紡績史　第三卷』),日本棉业俱乐部 1938 年；关于名古屋电灯株式会社,参考：名古屋电灯株式会社编纂组《名古屋电灯株式会社史》(『名古屋電燈株式会社史』),1927 年。

[2]　关于这一点,参考拙著：《政府士族授产政策和小野田水泥》(『政府士族授産政策と小野田セメント』),《一桥论丛》1982 年 3 月第 87 卷第 3 号。

[3]　比如以下研究指出了这一点：吉川秀造《士族授产的研究》全新修订版(『全改訂版　士族授産の研究』),有斐阁 1944 年,516 页；石塚裕道《日本资本主义成立史》(『日本資本主義成立史』),吉川弘文馆 1973 年,149 页。

[4]　所谓"士族的商法",是嘲笑"士族这些原本的统治阶级,哪里懂得经商之道?"——译者注

[5]　关于士族授产政策的成败,代表性的研究有：吉川秀造《士族授产的研究》全新修订版(『全改訂版　士族授産の研究』),有斐阁 1944 年；我妻东策《明治社会政策史》(『明治社会政策史』),三笠书房 1940 年,他们两位的见解相互对立。为了回答这个问题,需要进一步就具体的授产企业展开研究,参考：椿西光速《秩禄处分和士族授产》,历史学研究编《明治维新史研究会讲座》第四卷《戊辰战争——西南战争》(「秩禄処分と士族授産」、歴史学研究編『明治維新史研究会講座　第四巻　戊辰戦争—西南戦争』),平凡社 1958 年,257 页；石塚裕道《日本资本主义成立史》(『日本資本主義成立史』),吉川弘文馆 1973 年,149 页,等。在这个问题上,笔者的研究结论是肯定性的。参考：拙著《政府士族授产政策和小野田水泥》(『政府士族授産政策と小野田セメント』),以及介绍该社从士族授产企业不断蜕变转型的拙稿：《小野田（转下页）

很多人认为：自视甚高的士族们不可能适应商人的身份，结果无外乎破产。但是，产业史的相关研究证明：在明治初期的现代产业的植入和培育过程中，金禄公债、士族授产发挥了很大作用。

尽管说法不一，但是有一点是明确的：到目前为止，能够还原事实真相的研究较少，需要更多的实证研究。本章只是一个粗浅的尝试。从结论上说，面对政府方面提出的"秩禄处分"这一创新性政策，那些具有创新力的士族授产企业获得了成功，并产生了深远的社会和经济影响。

萩藩下级士族笠井顺八

小野田水泥的创始人是旧萩藩的藩士笠井顺八（1835—1919）。1835 年（天保六年），笠井降生，他是下级武士有田甚平的第三子。七岁时，顺八过继给单身、没有子嗣的同藩藩士笠井英之进，成为养子。这一养子关系只是为了延续笠井家的家名，实际养育顺八的依然是有田家。[1]

1848 年（嘉永元年），长州藩的藩校明伦馆重建后开馆，年轻的笠井也兴冲冲地报名入学了，并取得了全校第二名的好成绩。原本规定，前三名可以由藩主推荐升学，但由于"身份低微"，笠井被取消了升

（接上页）水泥：士族授产企业的蜕变过程》（『小野田セメントにおける士族授産企業脱皮過程』）；米川伸一、平田光弘编《企业活动的理论和历史》（『企業活動の理論と歴史』），千仓书房 1982 年。

[1] 关于笠井顺八的履历，参考：伊藤作一《笠井顺八翁传》（『笠井順八翁伝』），小野田商工会 1934 年；《关于赠位的调查——郡长调查报告 知事官房》（『贈位ニ関スル取調ノ件——郡長取調書　知事官房』），山口县文书馆藏；藤津清治《水泥株式会社设立发起前史》，《商业评论》1967 年第 14 卷第 3 号（『セメント製造会社設立発起前史』、『ビジネスレビュー』）。

学资格。笠井对此非常不满："修行礼学的场所,也论门第,太不合理!"愤而退学。之后他主要依靠自学,继续学习。这件事对笠井的出身和性格,是一个很好的注脚。

佩里来航后,海岸警备强化。长州藩主要负责相模湾三浦岬的警卫。作为下级武士的笠井也被征调,来到江户。笠井先是在江户的藩邸工作了两年,作为财务经理的能力得到了认可。回藩后,又担任过一系列职务,比如吴服方御用纸方、山代裁判所检视役户籍方兼带、御直目付手子、御藏元役所笔记役、御抚育方元缔役、郡奉行元缔役抚育方物产兼带等等。1868 年(明治元年),三十四岁的顺八就任御藏元役所元缔役。[1]

御藏元是掌管藩财政的政府机构,抚育方是统管藩内工商业振兴和新田开发等的土木工程机构。在幕末长州藩,笠井作为打理藩政的好手,展现了自己的才华。特别值得一提的是,御藏元役所元缔役这样的职位,以前一直由德高望重的年长者担任,三十四岁的笠井脱颖而出,足以证明他能力超群。

除了本人的能力,在笠井的晋升中,年少时候的友人前原一诚的推荐也很重要。[2] 前原和同属长州藩的高杉晋作一样,是倒幕运动的功臣。

在维新后的藩政改革中,笠井成为了会计局庶务方助役,负责旧藩财政的清算以及藩札的整理。1871 年(明治四年),顺八成为了新成立的山口县的官吏,为推行新政奔走。

---

[1] 伊藤作一:《笠井顺八翁传》(『笠井顺八翁伝』),小野田商工会 1934 年,11—12 页。

[2] 笠井和前原是少年时候的好友,笠井进入中央政府,前原做了大量工作。参考:伊藤作一《笠井顺八翁传》(『笠井顺八翁伝』),小野田商工会 1934 年,7 页。

笠井清算完旧藩财政后,向中央政府上缴了100多万元余额。这件事显示了他高超的业务水平,也反映了他正直的性格,受到各方赞誉。其他很多藩即使有余额,也倾向于瞒报,更多的是把资金留作小金库之用。

作为官吏的局限性和萩之乱

1873年(明治六年),为了稳定政局,维新政府在各县设立了推动殖产兴业的劝业局。当时已经是山口县局级干部的笠井被任命为了劝业局局长。

山口县有一笔旧藩时代藩士们积攒的"紧急备用金",以及一笔防灾用的"各郡备荒储备米金",合计约五十万元现金,以及五百石粮食。新设立的劝业局以这些储备米和储备金为资源,着手推动县内的殖产兴业事业。

笠井的设想是,创立县内士族和庶民的共同事业,把士族授产和殖产兴业结合起来。由此,劝业局选出了藩士八名、各郡农工商代表十三名。这种做法克服了藩政时代的身份差异,通过民主合议来共同运营事业。在笠井看来,维新时代需要这样的新气象。

但是,一些长州的下级武士相当不满:自己作为维新的主体,没有从新政府那里得到应有的奖赏。还有其他问题,比如农民因为地租制度的调整,税负增加,同时还要承受通货膨胀的压力,他们对新政府的不信任感也在增加。

在中央政府工作的木户孝允比谁都清楚这些对立情绪的存在。1874年,木户回山口县时,反对笠井的共同事业方案。他反对的理由是:"这些共同事业将造成士族和庶民之间的阶级斗争,(中略)所以,不如把这些储备金分别划分给士族和庶民。"

笠井很困顿。但是面对维新的元勋木户孝允,他找不出反驳的理由。结果,劝业局分化为服务于士族的士族授产局(后改称"士族就产所")和服务农商的协同会社。原劝业局被废止。

笠井内心强烈反对分裂方案。渐渐地,他对山口县县吏这个身份感到了无奈和厌烦。笠井下了决心:"不如在民间自己创业。"于是,他辞去了县吏的工作。[1] 笠井的反抗精神再一次表露无遗。

木户担心"士族和农民发生阶级斗争"。其实,与士农对立相比,更现实的问题是"心怀不满的士族的反叛"。1876 年(明治九年),萩之乱爆发,这是笠井的好友前原一诚领导的一场叛乱。前原在新政府中担任兵部大辅和参议,他强烈反对导致士族解体的国民皆兵和秩禄处分政策。特别是围绕"国民皆兵",他和木户孝允间发生了尖锐的对立。

熊本爆发了太田黑伴雄率领的士族反叛,即神风连之乱。前原与之呼应,他聚集了约二百人,发动了萩之乱。对士族反叛一直高度戒备的明治政府的反应极快,广岛镇台府火速派兵奇袭,叛乱很快被镇压。前原等首谋者当即被斩首。举兵造反的前原并没有劝诱笠井参加。下面的俳句引自《笠井顺八翁传》,描写了笠井听到噩耗时的心情:

风起时,浮草自然倒向岸边;不逆世而动,方得安泰。

前原十分了解笠井不愿意冲撞现体制的生活态度,所以没有劝说

---

[1] 对木户孝允的主张,作为参议的井上馨也赞同。结果,笠井的方案受挫。参考: 伊藤作一《笠井顺八翁传》(『笠井顺八翁伝』),小野田商工会 1934 年,10 页。

他参与萩之乱。[1] 不过,如果我们见识了他在小野田水泥创业中的热情,对这句俳句也许就会有不同的解读:这句话并不是表现他对体制的顺从,而是对自己内心巨大热情的一种掩饰。笠井胸有丘壑——所谓"不逆世而动",只是等待和潜伏的一种伪装而已。

颇为讽刺的是,萩之乱被镇压后,为了清算镇压叛乱的临时支出,山口县把当时已是浪人的笠井又请了回来。笠井受邀,于同年 11 月回到官厅,开始麻利地处理相关事务。第二年 5 月,事务处理完毕,笠井再次提出了辞职请求。

笠井和前原关系亲密,在处理萩之乱后的相关事务时,他心中在祈愿:对前原未了的心愿也就是对士族的拯救,不是用武力,而是要用殖产兴业的办法来完成。

笠井一身清廉地退职了。为了给水泥制造会社筹措资金,他递交了"士族就产金申请书",其中的前言部分,鲜明地表达了他胸中的抱负(后叙)。

回过头来说,根据木户的决定,山口县的储备米和储备金分给了为士族服务的"士族授产局"和为农工商业者服务的"协同会社",大家各自发展。

结果,两边的事业都不顺利。越来越多的人认为,还是笠井当时主张的大规模共同事业的方案更为合理。这些人中包括原先支持木户的井上馨,他开始同情和理解笠井。对他创设新事业的构想,井上馨在各方面提供了建议和帮助。其中之一,是井上馨劝说笠井从事大理石开采加工业。因为 1873 年(明治六年),皇居遭受火灾,需要重新

---

[1] 伊藤作一:《笠井顺八翁传》(『笠井顺八翁伝』),小野田商工会 1934 年,22 页。

营造,这项工程需要大批大理石材料。

井上意识到,皇居的重建会唤起对洋式大理石的市场需求,因此,他建议笠井在山口县从事大理石开采。秋吉村一向以钟乳石著称,以秋吉村为中心,笠井进行了勘探,最后在美弥郡发现了一定储量的大理石矿。这里的大理石材品质优良,后来还获得过 1904 年美国圣路易斯世界博览会的奖章。不过,笠井也马上意识到:由于缺乏必要的交通手段,大理石的运输成本极为昂贵。

和水泥事业的相遇

笠井之所以没有投身大理石开采业,除了成本高之外,还有另外一个原因:他有自己感兴趣的事业领域。它就是笠井偶遇的水泥制造业。

历史总是充满了反讽。在笠井的强烈反对下分化而成的协同会社,竟成了他的新事业构想的最初来源。1875 年(明治八年),还是浪人的笠井受邀参观该协同会社新设的石料仓库。在那里,他见到了可以把巨大的石料非常方便地粘合起来的粉末——水泥。笠井了解到,水泥是一种海外进口商品,需求量很大。他对水泥的国产化产生了浓厚的兴趣。

就在笠井忙于大理石勘探的 1879 年,同是长州藩出身的工部省制作头平冈道义回乡探亲,他在各地巡回演讲,介绍水泥的重要性。维新后,平冈作为新政府的造船头,接管了幕府在横须贺的造船所建设任务,并改造船舶修缮用的船坞。他吃惊地发现,船坞改造所需水泥的进口价格太高了。不只是对造船业,对日本的现代化全局来说,水泥国产化都是一项绕不过去的紧要任务。平冈是日本国内对这一问题认识最早的人之一。

他担任工部省制作头后,和同样对水泥国产化感兴趣的内务省土木寮大技长宇都宫三郎一拍即合,两人一起开展了水泥制造的研究。终于,工部省深川工作局开设了水泥制造所。从这个意义上说,平冈是日本的"水泥之父"。笠井听了平冈关于水泥的介绍后,对水泥更加感兴趣了。

笠井跟井上说,与其开采大理石,不如从事水泥制造。井上不仅赞同,而且从中进行了斡旋,让笠井的同道者荒川佐兵卫到深川水泥厂实习,学习水泥制造技术。[1]

在研修中,笠井发现,山口县小野田的地理位置比深川更优越。深川水泥厂的原材料——石灰和煤炭是从四国和九州长途运输而来的,小野田本身就是煤炭产地,而石灰就在对岸的四国,很容易入手。

2 小野田水泥的创业和公债出资

笠井对在山口县开设水泥厂的信心大增。1880 年(明治十三年),他招募了三十七名支持他想法的士族,设立了水泥制造株式会社。资金方面,笠井向山口县递交了"士族就产金申请书",申请士族授产金(从士族的角度,应为"就产金"),以士族们手里的附带七分利的金禄公债作为担保。

也就是说,明治政府用以买断士族身份的资金,士族们把它置换

---

[1] 《笠井顺八氏直话笔记》(小野田水泥株式会社本社所藏,以下简称《直话笔记》)是这么记述的:"(我)到东京和井上商量这件事。井上说,如果想从事大理石事业,可以让员工到美术学校学习;如果想从事水泥制造,到深川工作分局实地考察一下如何?就这样,我来到深川,研究后发现:在分局,作为原料的石灰来自四国,煤炭来自九州,有诸多不便;在小野田的话,煤炭手边就有,原料石灰就在对岸,应该大有前途。我告诉宇都宫大技长后,宇都宫也很赞成,给了我细致的指导。我把这些情况复命给井上。井上说,这样的话,原本打算申请的项目资金就由大理石开采改为水泥制造吧。"

成了殖产兴业资金,这是对政府的革新性政策的继承。

"士族就产金申请书"所表达的士族心愿

笠井在萩之乱中失去了好友前原一诚,后又不得不参与平乱后的清算事务。在内心深处,他对维新政府对待维新功臣也就是士族的态度,是很失望的。

笠井这些人的优秀之处在于,他们不是把失望化为愤怒,而是化为创业的动力。他们是抱着怎样的想法创业的?对国家建设有着怎样的热情?要了解这些,我们可以阅读笠井递交的"士族就产金申请书"的前言。如下:

> 我们不想有辱士族名号,不想受素餐之谤。我们希望走上自食其力的道路。经过数年深思熟虑,同道者陆续汇聚,我们商量组织会社,同心勠力搞好经营。这样,下可以自立,上可以弥补国家贸易逆差之万一。不过,我们本无多少财力,虽有心愿成立会社,但创业需要大量资金,因此想仰仗政府的慈惠,帮助我们达成心愿。衷心恳愿,万望批准。[1]

德川幕府下作为统治阶级的武士们到了维新时期,不得不说出"我们不想有辱士族名号"这样的话,内心的痛苦可想而知。

所谓"素餐",是指没有功劳和才能,却占据高位,获得高额报酬。

---

[1]　井田幸治编:《小野田水泥株式会社创业五十年史》(『小野田セメント製造株式会社創業 50 年史』),1931 年,36 页(以下简称《创业 50 年史》)。

"素餐之谤"这个词,反映了被指不劳而获、浪费国家财政的士族们内心的窘迫。

他们以这种屈辱为动力,希望成为新产业的领头人。"下可以自立","上可以为国",即通过国产化来减少日本的贸易逆差。

革新型株式会社的形态

笠井等人申请的士族授产金,是大久保利通在推行秩禄处分的过程中,为了让生活陷入困顿的士族可以投身农工商等各种事业而设立的政府贷款。借贷条件很宽松,在政府士族授产政策中,是一项广泛实施的配套举措。[1]

笠井的创新性回应开始了。为了向政府贷款,士族们共同设立了资本金八万八千元的株式会社。士族手里附带七分利的金禄公债,每五十元计算为一股,也就是说,这家水泥制造会社是一家股份制公司。附带七分利的公债是在秩禄处分中政府支付给中下级士族的。笠井的创业规划可以用三个词概括:"士族有、士族治、士族享"。

明治时期,股份公司制度开始法制化,"与出资额相应的有限责任"这一概念逐渐渗透。据说,坂本龙马并不太精通荷兰语,不过他了解到股份公司制度后,对这一能够合理分散风险的制度设计大为赞叹,这个故事很多人知道。18 世纪就已经风靡英国、荷兰的股份制公司,在当时的日本,还是一个全新的概念。[2]

---

[1] 实施的时间是 1879 年 3 月至 1890 年 3 月,总额约 525 万日元。参考: 吉川秀造《士族授产的研究》全新修订版(『全改訂版 士族授産の研究』),有斐阁 1944 年。

[2] 关于股份制公司的先进性,参考: 大塚久雄《株式会社发生史论: 大塚久雄著作集 1》(『株式会社発生史論 大塚久雄著作集 1』),岩波书店 1969 年。

水泥制造是一个未知风险的投资项目。为了吸引同胞投资来分散风险,笠井采用股份制公司的形态。这一新的组织形态,是笠井等人的第一步创新之举。

还有进一步的创新。这家股份制公司采取了变通法则:不是现金出资,而是公债出资。笠井让同胞拿出各自的公债,共同创设股份制公司。实际上,公债所有权一直留在士族手中,公司只是以此作为借款的担保,筹措创业资金而已。每年公债产生的七分利息依旧由股东各自领取。只要公司在稳定运营,股东们的公债收入就有保证。

《国立银行条例》修订后,金禄公债最常见的投资项目是各地设立的国立银行。国立银行大多由旧藩主们(华族)出资设立,具有稳定性。和国立银行相比,水泥制造完全是一个未知的领域。

对参加到这一事业中来的同志者,笠井的设计是:让公债所有权留在他们手上,公债产生的年七分利也依旧归他们所有,尽量减少他们的不安感。交付给下级武士的金禄公债大约是他们原先年俸的两倍左右,仅靠七分利的收入,是不能应付生活所需的。很多士族因此把公债卖掉换取现金,或者投资到自己完全不懂的生意中去,或者被一些不靠谱的投资忽悠,最后变得两手空空。

了解到这些情况后,笠井十分重视本金的保全。他的第二大创新是通过制度设计,用彻底的风险分散原则来保护投资者利益。

笠井向政府申请贷款6.16万元,作为担保的是附带七分利的金禄公债8.8万元。原因是,因为通胀,公债的市价下跌,大约只相当于面值的七成(8.8万元×0.7＝6.16万元)。

在考虑通胀因素后精确计算出实际价值,然后再提出申请,这显示了笠井一贯的严谨的性格。笠井的申请书是这样写的：以公债作担保，借入士族授产金。前五年免缴利息，第六年开始支付年利 4%，十五年还清贷款。这样的话，最初的五年，士族每年拿到七分利这一点是可以保证的。

1880 年(明治十三年)8 月，政府对笠井的申请原则上同意，但是贷款额大幅减少为 2.5 万元。[1] 笠井他们不得不调整工厂建设计划——工厂将分两期建设，先建设第一期。

通过笠井的创业过程，我们了解到，在政府的秩禄处分政策下，"封建身份的赎金"并不会自动化为产业资本。经由笠井这样的企业家的各种创新，"身份"才化了为资本。

技术转移和官营工厂

筹措资金的问题基本解决后，接下去的课题是技术转移。如前所述，笠井等人经井上馨的介绍，到深川水泥厂学习，并拿到了这家官营工厂建设费的概算表。以此为参考，笠井计算出了新工厂的建设费。

---

[1] 贷款额减少的原因如下：这一年，山口县贷出的授产金总额为 7 万元，居全国第 4 位。这是考虑了各县之间平衡的。关于贷款条件，并不只是对小野田水泥项目宽松。在授产金贷款项目上，政府原则上以"担保出借"为原则，无担保的借贷也有不少。小野田水泥项目用附带七分利的金禄公债作为抵押的申请是没有前例的。申请时提出"前五年免缴利息，第六年开始支付年利 4%，十五年还清贷款"这一借入条件，对照政府借贷内规《劝业资金借贷内规》中关于制造业部门的规定，借贷条件有所放宽——原本的规定是"免息限三年以内，偿还限五年以内"。但是，政府实际上的借贷条件都比内规宽松。比如，同年借给山口县的霸城会社(帆船制造、货物海上运输)的 3 万元贷款的条件是：前五年免缴利息，第六年开始支付年利 4%，十五年还清贷款。参考：吉川秀造《士族授产的研究》全新修订版(『全改訂版　士族授産の研究』)，有斐阁 1944 年，561 页。

决定设立公司后,在荒川佐并卫的带领下,五名技术研修生来到官营工厂,进行了为期十个月的技术研修。公司还派了木匠等一同前往,任务是画出官营工厂的结构图。

1883 年(明治十六年)春,新工厂建设基本完工。井上的后任、工部卿佐佐木高行前来笠井的工厂视察。工部卿视察后说:这么大规模的工厂,怎么连个技师都没有? 他承诺用官费把官营工厂的宇都宫三郎大技长派来进行指导。宇都宫在工厂待了一周,工作不分昼夜,极其认真地进行了技术指导。[1]

关于官营工厂的评价,有人认为,政府把这些官营资产廉价卖给政商(与政府有密切关系的商人——译者注),造就了财阀的基础。其实,问题没有那么单纯。官营工厂在引进先进技术、培育人才以及工业化的初期实践方面,都发挥了积极作用。[2]

确实,深川官营工厂 1884 年转售给浅野总一郎后,成为了浅野财阀的基础。但是,它也帮助了后来在水泥市场上和浅野二分天下的小野田水泥,这方面的贡献不可低估。

---

[1] 《直话笔记》对来自政府的援助是这样描述的:"……明治十六年春,工厂几乎建成的时候,佐佐木工部卿因公来到九州地方。在马关,随行的佐藤书记官是同县人,经他介绍,工部卿决定来工厂视察。看完以后,工部卿很吃惊地说:这么大规模的工厂,怎么连个技师都没有? 太大胆了吧。他答应让宇都宫来指导。我回答说:这是大好事,但是请大技长这样的人物来,费用一定不菲。现在是困难时期,所有钱都投到工厂建设中去了。佐佐木工部卿说,不需要你们出钱,宇都宫是公派而来。不久,宇都宫来了。(中略)宇都宫大技长连续一周住在事务所,不分昼夜地进行指导。"

[2] 参考:T·C·史密斯著,杉山和雄译《明治维新和工业发展》(T·C·スミス『明治维新と工業発展』),东京大学出版会 1971 年;小林正彬《政商和官业转售》(「政商と官業払下げ」、『日本経営史講座2　工業化と企業者活動』),日本经济新闻社 1976 年,等。

比如，官营工厂接受了小野田派来的技术研修生，公费派遣了最高级别的技术官员前去指导，还允许民间企业对其设备机械、工厂建筑进行模仿，可以说，援助是不遗余力的。特别值得一提的是，水泥业是从欧美移植过来的新产业，本应该由民间企业负担试错成本，现在由官营工厂代为承担，这都是事实。

官营工厂不但承担起了现代化的使命，而且通过试错，积累了现代工厂的经营实践，然后作为某种"样品"，提供给民间企业作为借鉴和参考。在后发资本主义国家，官营工厂对现代产业的培育作出的贡献，应该得到肯定。[1]

另外，值得关注的一点是，在工厂建设中，主要机器设备是委托陆军大阪炮兵工厂制造的。笠井等人为了购买机械设备，考察了工部省赤羽工作分局、海军筑地兵器制造所、工部省兵库造船司、陆军大阪炮兵工厂等，最后选择了报价最低的大阪炮兵工厂。[2]

大阪炮兵工厂制造了很多民用蒸汽机、车床等。由于当时民间的机械生产能力太弱，官营兵器工厂起到了替代作用，它们是日本工业化的开拓者。[3] 在小野田水泥的起步阶段，它们为民间企业提供了重要的生产手段。

---

[1] 深川官营工厂创设于明治五年，由大藏省管辖。以后转为内务省管辖、工部省管辖。在宇都宫等技术官僚的带领下，反复实验、扩大规模。在成为工部省管辖后的 1874 年到 1888 年间，共投资约 17 万元（兴业费、营业费、国库补助金等）。参考：和田寿次郎编《浅野水泥沿革史》（『浅野セメント沿革史』），浅野水泥株式会社 1940 年，1—91 页。

[2] 《水泥制造会社第一次营业报告》（「セメント製造会社第一回営業報告書」），以及《直话笔记》。

[3] 小山弘健《日本军事工业发展史》，小山弘健、上林贞治郎、北原道贯《日本产业机构研究》（「日本軍事工業発達史」、『日本産業機構研究』），伊藤书店 1943 年，71 页。

以大阪炮兵工厂为首的日本兵器工厂有一大批具有强烈使命感的技术员。为了减少贸易逆差,他们开展各种研发,填补了不少空白,提高了机械设备的国产化率。同时,他们还为像小野田水泥这样的民间企业提供蒸汽机等设备,这些贡献都值得肯定。

3　艰难的创业期——通货紧缩、第二工厂建设、三井物产

小野田水泥的创业,是木户孝允、井上馨、大隈重信等一大批维新官僚苦心谋划的复杂的政策意图的体现。那就是,"和平解体士族,组建财阀,形成新的产业基础"。

现在看来,水泥制造似乎是相当单纯的产业。但在当时,对那些毫无知识和经验积累的士族来说,是天大的难事。特别是小野田水泥,它创业的时机并不好。

经由明治十四年的政斗,大隈从大藏卿的位子上被赶下,取而代之的是松方正义。为了应对当时危机四伏的通胀压力,松方实施了严厉的财政紧缩政策。政府的公共事业开支大幅压缩,由此引发了明治最大的经济不景气。

原本预期会有大量政府需求而设立的小野田水泥,不得不在需求减退的情况下开始营业。由于严重的经济萧条,包括士族授产企业在内的很多新兴企业倒闭。所以说,"士族的商法"(士族经商,无外乎失败——译者注)这样的嘲笑并不能反映客观事实。大量士族企业的创业期正好遭遇松方通缩,受影响很大。

小野田水泥的内部也出现了很多悲观论者。不光在出资者之间,公司内部也弥漫着"解散论",但笠井不为所动。他以县内小规模需求

为抓手,在不景气中生存了下来。[1]

松方通缩的终结和需求扩大

1886 年(明治十九年),经历了艰难的创业期后,小野田水泥迎来了转折期。以纸币的整顿和银本位制的确立为目标的松方紧缩结束了,此前被压抑的政府建筑物建造、军事设施扩充等项目重新开启,国内经济恢复,这给小野田水泥带来了发展契机。

这次经济恢复带动了日本的第一次产业振兴高潮。大量民间铁道公司、纺织公司成立,水泥需求量大增。对小野田水泥来说,机不可失。特别是,以国会议事堂为中心的官厅建设、过去曾遭军部反对的东海道铁路干线建设重新开启,吴和佐世保的海军镇守府建设也箭在弦上。听到这些消息,笠井一刻也不敢耽误,赶往东京活动,开拓市场。[2]

在政府内部,由于开设国会迫在眉睫,国会议事堂以及诸官厅建设被提上了议事日程。1886 年 2 月,内阁直属的东京临时建筑局成立。幸运的是,该局的总裁由当时的外务大臣井上馨兼任。[3]

笠井首先想得的是:争取建筑局的订单。另外,连接东京和京都

[1] 铃木淳:《明治的机械产业——诞生和发展》(『明治の機械工業——その生成と展開』),密涅瓦书房 1996 年。

[2] "听闻诸官衙、国会议事堂建设的消息,社长赶往东京,在京期间四处活动。铁路线路变更为东海道线路,以及在芸州、肥前两处设立第二、第三海军镇守府等项目上,社长也做了大量工作。公司产品或为所用,愁眉顿开。"参考:小野田水泥本社所藏《水泥制造会社第三次营业报告(明治十九年 6 月末)》(小野田セメント本社所蔵「セメント製造会社第三回営業報告書 明治十九年 6 月末」)

[3] 松村贞次郎:《雇佣外国人(15):建筑、土木》(『お雇い外国人(15) 建築・土木』),鹿岛研究所 1970 年,51—83 页。

的东海道干线铁路,军部一度以东海道在舰炮射程范围内为由反对,改为了中山道方案。经过铁道官员不懈的努力,路线又重新改回了东海道。铁道建设方面显然也存在巨大的水泥需求。[1] 再有,除了横须贺外,吴和佐世保也决定建造海军镇守府,这自然也会催生水泥需求。

松方财政实施紧缩财政政策。这期间,1882 年爆发了朝鲜事件(壬午事变[2]),日本开始推行军备扩张政策。[3] 在军扩财政下,军事设施建设加快,水泥需求量大增。除了东京临时建筑局的需求外,铁道、军事方面的需求也在快速上升,对于一度出现"解散论"的小野田水泥来说,真可谓"愁眉顿开"。[4]

敏感地捕捉市场需求,扩大生产,靠的是企业家的敏感性,这也是企业家最重要的素质。笠井牢牢抓住了机会。[5]

---

[1] 有泽广已监修:《日本产业百年史(上)》(『日本産業百年史(上)』),日本经济新闻社 1972 年,101 页。

[2] 又称壬午兵变、汉城士兵起义,指 1882 年 7 月 23 日(农历壬午年六月初九日),朝鲜发生的武装暴动。朝鲜王朝京军武卫营和壮御营的士兵因为一年多未领到军饷以及对由日本人训练的新式军队别技军的反感,于 1882 年 7 月聚众哗变。大量汉城市民加入了起义队伍。起义士兵和市民焚烧日本公使馆,杀死了几个大臣和一些日本人,并攻入了王宫,推翻了闵妃外戚集团的统治,推举兴宣大院君李昰应上台执政。——译者注

[3] 佐藤昌一郎:《松方财政和军扩财政》,《福岛大学商学论集》1964 年第 32 卷第 3 号(「松方財政と『軍拡財政』の展開」、『福島大学商学論集』);《企业勃兴期的军扩财政的展开》,《历史学研究》1964 年第 295 号(「企業勃興期における軍拡財政の展開」、『歴史学研究』)。

[4] 井田幸治编:《小野田水泥株式会社创业五十年史》(『小野田セメント製造株式会社創業 50 年史』),1931 年,88 页。

[5] 卡兹纳著,田岛义博监译:《竞争和企业家精神》(カーズナー『競争と企業家精神——ベンチャーの経済理論』),千仓书房 1985 年。

德国技师、建设新工厂、开拓销路

通缩结束,经济恢复。小野田水泥的对手是进口水泥以及深川水泥工厂。为了能在竞争中获胜,必须克服两大问题。第一是提高水泥的品质和生产能力,第二是开拓市场销路。财政紧缩政策下,深川工厂转手卖给了浅野总一郎,成为了一家民营企业。如何和该公司进行品质和生产能力的竞争,是最大的课题。[1]

笠井上京时,有机会和东京临时建筑局的德国技师交流。德国技师了解到小野田水泥还没有专任技师。他劝告笠井,要想获得建筑局的订单,应该聘用专任技师。[2]

建筑局有大量潜在的订单,笠井打算做足功课。他决定从德国延聘技师,同时着手建设第二工厂,这家工厂将全面采用德国技术,以提高产品品质和生产能力。

笠井的这些决断能够顺利实施,与小野田水泥是长州藩的企业,并且他本人与井上馨交情深厚,关系重大。为第二工厂建设而专门从德国聘请的技师,是以井上馨的名义签约,然后再"出借"给该公司的,实属于破格的厚遇。[3]

在第二工厂建设的资金筹措中,井上馨也给予了很大帮助。井上馨兼任总裁的山口县士族就产所出借了项目资金。如前所述,士族就

---

[1] 1881年,官营深川工厂转售给了浅野总一郎。浅野和涩泽荣一很有交情,因此打入了政府内部。参考:和田寿次郎编《浅野水泥沿革史》(『浅野セメント沿革史』),浅野水泥株式会社1940年。

[2] 《直话笔记》

[3] 根据小野田水泥株式会社所藏《雇佣外国人一事:明治20年7月》(「傭外国人一件 明治20年7月」),合同内容如下:"日本帝国外务大臣伯爵井上馨阁下和德意志国民布里克莱布博士之间,缔结以上合约。"之后,小野田水泥会社全额负担旅费和工资,借入该名技师。

产所是木户孝允不顾笠井的反对而设立的机构,如笠井所料,结果并无多大起色。井上一开始是赞成木户的主张的,所以,他内心存有对笠井的歉意。如今,看到笠井他们在为新事业而努力奋斗,他想助一臂之力。就产所共贷款 7.5 万元给笠井的工厂。

贷款额远高于公司的注册资金 5.15 万元。对于正在努力开拓市场的小野田水泥来说,实属雪中送炭。之前,由于水泥属于新产品,销路困难,再加上松方紧缩财政的影响,截至 1886 年(明治十九年)6 月末,小野田水泥已经累积了 1.2 万余元的亏损。[1]

不管市场水泥需求量有多大,对小野田水泥来说,筹集资金建设新工厂并不容易。井上的帮助,让公司走出了死胡同。

小野田水泥的第二大课题是"扩展市场销路",这方面,井上馨同样给予了帮助。对于一家位于山口县小野田的乡村企业来说,东京的巨大需求也好,以东海道本线为首的铁道需求也好,吴和佐世保的海军镇守府的军需也好,市场跨度实在太大,如何进行产品销售是一件难事。

通过井上馨的介绍(井上本人和三井财阀有深厚渊源,后叙),笠井决定聘请三井物产作为小野田水泥的经销商,为东京临时建筑局供货。此事的过程,小野田公司的《创业五十年史》是这样描述的:

> 双方接触后决定:限定区域和数量,产品的一手销售委托给三井物产。内地的范围是指尾三地方到北越一线以东各地,海外包括中国全境。一个月供货一千樽,合同为期三年。(中略)由此,东日

---

[1] 《水泥制造会社第三次营业报告:明治 19 年 6 月末》(「セメント製造会社第三回営業報告書　明治 19 年 6 月末」)中的决算报告显示,累计亏损额为 1 万 1 877 元 729 钱。

本以及海外的销售机构得以确立,剩下的就是增产问题了。

1873 年(明治六年),从政坛下野的井上馨和益田孝合作创办了先收会社。1876 年,井上复归政坛,打算关闭公司。这时,三井家的大番头三野村利左卫门接手了该公司,这就是后来的三井物产(下一章详述)。19 世纪 80 年代中期,这家公司的业务不再限于日本国内,它开拓海外出口业务,逐渐成为一家综合性商社。[1] 小野田水泥和三井物产签约,目的是想借助该公司在销售方面的优势。

第二工厂的建设目标是,抓住松方紧缩财政结束后出现的大量需求。借助外务大臣兼东京临时建筑局总裁兼士族就产所总裁的井上馨的支持和帮助,小野田水泥引进了德国技师,并和三井物产签约开拓市场。工厂建设的方案,在 1876 年 10 月的股东大会上获得通过。第二年,工厂正式动工兴建。

在日本的经济史研究中,反财阀、反政商的色彩一直很强烈。在一些学者看来,笠井和小野田水泥的事例恰好反映了长州派系的政治能量,或者政商经营的事实。但是如果我们从明治初期的现代化进程中政府和企业家的"双重创新性回应"的视角看,小野田水泥的一连串经营活动充满了创意,很多是标准的企业家活动。从同道者那里筹集少量资金创业的笠井顺八必须克服创业初期的各种困难,获得市场订单。他必须动用所有手段和关系,这些是可以理解的经营行为。

正是因为有了这些果断的创新性回应,小野田水泥成为了可以和

---

[1] 井田幸治编:《小野田水泥株式会社创业五十年史》(『小野田セメント製造株式会社創業 50 年史』),1931 年,134—135 页。

浅野水泥(官营深川工厂的接手者)竞争,并可以和后者二分天下的现代企业。小野田水泥此后的道路也并不平坦。对于一家创业型企业来说,遭遇各种问题是一种常态。这一点,任何时代都一样。

4 最新锐设备的苦恼和人才投资

明治二十年代,除了官方需求,以铁道公司、纺织公司为首的一般民间需求也在激增。营业报告记载:"山阳、九州、关西、大阪等地的铁道会社,还有东京建筑局、日本土木会社以及其他各处的订单络绎不绝。无奈生产能力有限,不能一一满足需求,只能遗憾婉拒。"这时的小野田水泥,开始有了奢侈的烦恼。[1]

松方通缩结束后,水泥需求激增,远超公司年产一万樽的生产能力。因此,对年产量达三万樽的第二工厂的落成,大家都在翘首以待。

1889 年(明治二十二年),期待中的第二工厂终于完工了,但是,意外发生了。从德国购买的最新锐的回转炉调试失败,不良品大量发生。结果,尽管总产量上去了,但 1889 年下半期和 1890 年上半期,分别有六千樽和七千樽水泥订单不得不延期交付。[2]

---

[1] 《水泥制造会社第七次营业报告》(「セメント製造会社第 7 回営業報告書」)是这么记载的:"销路方面,订单数日新月异地增加,除了山阳、九州、关西、大阪等地的铁道会社,还有东京建筑局、日本土木会社以及其他各处的订单络绎不绝。无奈生产能力有限,不能一一满足需求,只能遗憾婉拒。目前专注于为老客户也就是神户铁道局、佐世保海军镇守府、马关炮台等供货。新工厂落成后,一年就有四万樽的产量了,这样就不会有供不应求的情况发生了。"对新工厂的落成已经迫不及待了。

[2] 《水泥制造会社第九次营业报告:明治 22 年下半期》(「セメント製造会社第九回営業報告書 明治 22 年下半期」),以及《水泥制造会社第 10 次营业报告:明治 23 年上半期》(「セメント製造会社第 10 回営業報告書 明治 23 年上半期」)。

回转炉是德国人弗里德里希·霍夫曼发明的水泥烧制炉。炉在回转过程中可以充分利用余热,和以前的立式炉相比,能节约大量燃料费。但是,这项新技术引进到日本,由于周边配套技术问题,不具备使用的条件。

接着,以井上的名义聘请的德国技师也出了问题。明治时期聘请的很多外国人在技术转移方面作出了贡献,留下了出色的业绩。然而,来到远东这个无名岛国的外国技术人员中,也有些人是在本国不受待见之辈。遗憾的是,布里克莱布就属于这一类。

笠井不得不再次委托三井介绍合适的人选。三井介绍了东京职工学校(东京工业大学的前身)教授戈特弗里德·华格内尔来小野田水泥调查原因。华格内尔发现布里克莱布设计和改造的回转炉设备存在结构性问题,建议马上停产,重建两座立式炉。

笠井自吞苦果,忍痛放弃最新设备,重新建造了两座立式炉。花费重金买来的回转炉没起任何作用,转眼成了废炉。笠井痛定思痛,作了一个决定。他把次子真三送往德国学习技术。据说,送子留学是井上馨的建议,但显然,笠井也抱有同样的想法。[1]

笠井真三生于 1873 年(明治六年),是顺八的次子。他进入山口高等学校预科学习,成绩优秀,特别是在数学方面很有天赋。井上来小野田参加第二工厂的完工仪式时,问起真三将来的打算。两人的对话现在还保留着。

真三说:"日本多湍急的河流,可以用于水力发电。电气工程学是

---

[1] 参考:笠井真三传编纂委员会编《笠井真三传》(『笠井信三伝』),小野田水泥株式会社 1954 年。

一个崭新的领域,我想去一个好学校学习这方面的知识。"井上劝道:
"很有意思的想法。但是,就好像一位卖酒的父亲,他儿子却想开一家
酱油店,这恐怕不行。你父亲是制造水泥的,你也学习水泥比较
好吧?"

真三有自己的追求,他没有马上接受井上的建议。井上花了两三
天时间进行说服,结果,真三让步了,答应去德国留学。[1]

1890 年(明治二十三年),18 岁的真三随回国治疗风湿病的华格
内尔前往德国,学习水泥领域的科学知识。真三先进入汉堡工业学校
学习德语和教养课程,然后正式进入布伦施韦克工科大学学习。

后来,他又转学到名校慕尼黑大学。1896 年,就像井上和父亲顺
八期待的那样,他获得了博士学位。博士论文的题目是《关于含水硅
酸盐矿物的属性研究》,这是水泥工学的基础。

结束六年留学生涯,真三回到日本,马上担任了小野田水泥的技
师。其后长期担任技师长,并历任取缔役、专务等。1918 年(大正七
年),真三成为了第三任代表取缔役社长。

真三对夯实技术、拓展事业贡献巨大。特别值得一提的是,在推
动小野田水泥发展的同时,1908 年,他用德语向京都大学递交了题为
《关于硅酸盐凝结的研究》的论文,再次获得博士学位。也就是说,真
三在经营之余,一直没有放弃水泥制造的相关研究。

在水泥界,真三让小野田水泥成为可以和浅野水泥并驾齐驱的龙
头企业,并且在水泥技术的科研领域也有出色表现。对这样的优秀人

---

[1] 笠井真三传编纂委员会编:《笠井真三传》(『笠井信三伝』),小野田水泥株式会社
1954 年,115—117 页。

才进行留学投资，给他们提供基础研究的条件，这是日本各行各业摆脱简单模仿、掌握世界一流技术的必由之路。

让维新志士转型为国家官僚的，是外交问题；让明治的企业家成为真正的国际商才的，是他们主动融入世界，学习最先进技术和经营之道的那种精神和毅力。

不光是笠井家族。为了掌握新技术，提高经营能力，明治的企业家们大量地把自己的子女和职员派往海外留学。下一章将要介绍的三井和三菱也是如此。即便在小野田水泥这个山口县的小小士族授产企业里，企业家们也具有高度的国际视野，他们明白自己肩上的现代化使命。

第 5 章

作为创新性回应的财阀
——企业家们造就三井和三菱

イノベーターたち
の日本史

从幕末到明治,日本开展了秩禄处分、士族授产等一系列创新性回应。明治维新不是"倒幕—近代国家"这样一个单线条、高歌猛进的过程,而是各种主体在国家面临殖民地危机之时,勇猛奋起,进行创新性回应的结果。

秩禄处分是用金禄公债买断封建身份、有偿废止封建身份的一种政策创新。然后,通过公债和《国立银行条例》、士族授产政策的结合,把公债转化为推动现代化的产业资本。

创新意味着新的排列组合。但是,即便有创新性政策,如果没有创新型企业家,后发国家依旧不可能实现现代化。在前一章介绍的小野田水泥的事例中,我们看到武士变身为企业家,成功打造出现代企业的曲折过程。

在本章中,我们将介绍明治经营史上最大的创新性回应——财阀。

1 作为组织创新的财阀

日本是后发资本主义国家,处于欧美列强构建的殖民主义国际环境之下。为了推动日本的独立和现代化,早日实现"富国强兵"是举国共识。

就像前面介绍的那样,邻国中国发生了鸦片战争,紧接着,欧美列强开展了一系列殖民地入侵政策,这些行为没有任何正当性,因为是用武力强制改变现状。之后,列强在远东的紧张关系因为俄国推行南下政策,进一步加剧了。对经历了两个半世纪锁国政策的日本来说,最大挑战是:如何引进欧美新技术和商业规则,增强国力(富国);同时,构筑起可以和列强抗衡的强大的军事实力(强兵)。

众所周知,英国发端的产业革命从根本上改变了欧美的社会、政治、经济结构。以蒸汽机为代表的动力革命前所未有地拓展了生产和流通领域,经济体系从封建主义走向商业主义、资本主义。这个过程并不是一个有序的过程,前后持续了一百年以上,在大范围内造成了社会的不稳定和不均衡。

在日本,明治维新引爆了类似的社会、经济进程。当然,江户后期已经有一些迹象,比如货币经济的渗透以及鸦片战争后与外国的通商规模扩大等。但对日本来说,明治维新是一次巨变,它在很短的时间内把日本从封建主义拽进了资本主义。

正因为如此,无论明治政府,还是民间资本,都没有为资本主义化以及工业化做好资源上和资本上的准备。可以利用的手段和基础十分薄弱。两百年以上的锁国政策,造成日本和欧美在科学、技术等知识领域的巨大落差。还有,当时的国际社会对新来者并不友善,老牌国家在贪欲的支配下,垄断意识强烈。

但不管如何困难重重,对于积极开拓新事业的企业家来说,明治维新带来了崭新的经济空间,这在以前是不可想象的。

企业家精神(entrepreneurship)指的是创新力。创新不仅仅是指技术创新,还包括组织创新和市场创新,这些都可以实现新的附加价值。从结论上说,明治时期出现的巨大的企业集团——财阀,就是一种快速、有效地引进发达国家的技术和商业规则,壮大事业规模的组织创新,它体现了日本的创新性回应。

日本的财阀形成于 19 世纪 70 年代。在封建制解体和向现代化迈进的过程中,明治政府为了稳固财政,实施了一系列政策,客观上推动了财阀的形成。在这个风云激荡的年代,日本的企业家是如何进行创新性回应的? 他们是如何打造出独特的组织结构的? 让我们一起来看代表性财阀:三井和三菱。

战前日本财阀的作用和重要性

欧洲和亚洲的贸易关系可以追溯到 15 世纪初的大航海时代。但亚洲国家普遍不重视和欧洲的直接交流。在 17 世纪初开始的锁国体制下,日本仅和荷兰、中国保持着贸易交往,规模有限。

即便这样,德川封建经济还是有所发展的。19 世纪末,日本出现了资本主义萌芽。[1] 但产业革命所需要的科学性、技术性知识,日本大大落后于西洋各国。

前面介绍过,英国建立印度帝国,打响鸦片战争,意味着欧洲开始在亚洲推行霸权。通过产业革命,欧洲的工业规模快速扩张。对欧洲来讲,亚洲既是那些具有异国风情的商品的来源地,也是欧洲工业的

---

[1] 关于德川幕府后期的市场经济发展情况,参考:佐佐木润之介《幕末会社的展开》(『幕末会社の展開』),岩波书店 1993 年;冈崎哲二《江户的市场经济——历史制度分析视角下的股东关系》(『江戸の市場経済——歴史制度分析から見た株仲間』),讲谈社 1999 年。

原材料产地和欧洲产品的终端消费市场。

19 世纪 70 年代,欧洲出现了慢性经济不景气,销路萎缩。欧洲商人在欲望的支配下,开始瞄准亚洲市场。欧洲列强在亚洲不断推动商业霸权,双方的关系逐渐从自由贸易、间接统治走向了以不平等条约为内核的直接的殖民统治。

明治政府就诞生在这样的国际环境下。当时的精英迫切意识到,要守护日本在政治上的独立,构建对等的国际关系,只能走"富国强兵"之路。也就是说,快速工业化和强大的军事实力至关重要。[1]

但是,要实现工业化和军国化,日本缺少必要的资本、人才、科技知识。不消除这些瓶颈,日本就无法走上独立之路。对企业家来说,这里蕴藏着巨大的商机。

理想和现实之间的巨大落差,是后发国家的政府和企业家面临的共同难题,也是必须克服的难题。近年来,"开发独裁体制"受到学界关注,而在明治时期的日本,政府和企业家的对策是:打造"财阀体制"。财阀是一种组织创新,它使得政府和企业家可以高效地利用稀缺的经营资源,施展抱负。

解体前的财阀

为了理解财阀对日本经济的影响力,我们先来看看财阀解体前的情况。第二次世界大战结束后,盟军最高司令部(GHQ)认为,必须对

---

[1] 理查德·J·塞缪尔:《富国强兵:日本的国家安全与技术转型》,康奈尔大学出版社,1994 年(Richard J. Samuels, *Rich Nation Strong Army: National Security and the Technological Transformation of Japan*, Cornell University Press, 1994)。

日本的社会、经济、政治进行全面改造,使之不能再发动战争。他们推行了彻底的民主化改造,包括土地制度改革、劳动制度改革、经济改革等。

GHQ 召集经济学家对战前日本的经济结构进行了分析。结论是,具有财阀垄断性质的经济结构是社会不公和法西斯主义的温床。特别是三菱、三井、住友、安田这四大财阀被认为是军国主义的基础,必须马上进行财产冻结,彻底解体。[1]

1946 年,GHQ 成立了股份公司清算委员会,第二年制定垄断禁止法,着手解体财阀。最大的财阀是三井物产和三菱商事,各自被拆分为了 170 家和 120 家独立的企业。

同时,除了追究政治上的战争责任人,GHQ 着手认定经济上的战争责任人,开展了"经纪人肃清"运动。除了军需相关企业外,财阀伞下企业的前四至五名高层管理者、约 2 500 人被从一线革职。

主要企业的高层 2 500 人突然被革职,影响该有多大,难以想象。[2] GHQ 认定,在战前日本,财阀的经济支配的影响相当广泛。

---

[1] 关于财阀解体,参考:埃莉诺·哈德利《日本反托拉斯》,普林斯顿大学出版社 1970 年 (Eleanor M. Hadley, *Antitrust In Japan*, Princeton University Press, 1970);艾伦·哈德利《财阀解体——GHQ 经济学家的回想录》(エレノア·ハドレー『財閥解体——GHQエコノミストの回想』),东洋经济新报社 2004 年;香西泰、寺西重郎《战后日本的经济改革——政府和市场》(『戦後日本の経済改革——政府と市場』),东京大学出版会 1993 年;中村隆英《日本经济——成长和结构》(『日本経済——その成長と構造』),东京大学出版会 1993 年,等。

[2] 米仓认为,财阀解体和"经济界高层革职"提高了战后日本的经济活力。参考:米仓诚一郎《经济和劳动关系的战后改革——钢铁业为中心的考察》,香西泰、寺西重郎编《战后日本的经济改革——政府和市场》(「経済と労働関係における戦後改革——鉄鋼業の事例を中心に」,『戦後日本の経済改革——政府と市場』),东京大学出版会 1993 年。

经济史学家森川英正认为,所谓财阀,是指"由一个家族或者同族组成,具有排他性质的多种经营企业集团"。1928 年,七大财阀(三井、三菱、安田、浅野、住友、大仓、古河)缴纳的资本金总额,占了战前日本所有股份公司资本金总额的 16.5%。[1] 七个企业集团就占据了日本总资本的 16.5%,毫无疑问,影响力是相当巨大的。

而且,财阀一直维持着创业家族的控股权,和政界过往甚密。由此,GHQ 认定财阀是封建的、垄断的,是政商勾结下形成的家族资本主义式的经营模式。

不可否定,过度的经济集中会带来上述这些问题。但同时,这种理解从一开始就带有某种偏见,即认为"财阀是非合理的、恶的社会形态"。在这方面,日本经营史研究已经给出了另外的解释。在战前日本,财阀成功的秘诀在于逐步淡化最初的政商关系,重视基于经济合理性的企业战略和组织建构。[2]

后发国家的一个普遍现象是,财富集中在特定的个人和家族手里。在现代化所需的各种资源极其稀缺的情况下,一开始,由政府和军队直接出手来推动相关事业的情况很普遍,据此,和他们有深厚关系的个人和家族能优先获得事业机会,并随着事业规模不断扩大,使得财富不断集中。

对希望尽快实现现代化的后发国家的政府来说,经济资源的相对集中具有合理性。让有限的资源通过自由竞争实现最优配置,这需要相当

---

[1] 森川英正:《财阀的经营史研究》(『財閥の経営史的研究』),东洋经济新报社 1980 年。

[2] 森川英正:《财阀的经营史研究》(『財閥の経営史的研究』),东洋经济新报社 1980 年;安冈重明:《财阀形成史研究》(『財閥形成史の研究』),密涅瓦书房 1970 年。特别是森川强调,财阀是在淡化政商色彩后才成为财阀的。

长的时间。那些正在遭遇殖民地危机的国家,显然没有那样的余地。

如果把"殖民地危机"置换成"全球化危机",我们现在也面临差不多的境况。亚洲、南美洲的新兴国家正在出现各类财阀,它们拥有巨大的经济影响力。目的也是为了尽快打造出强大的经济主体,不然,发达国家的跨国企业就会彻底占领所有主要经济领域,后发国家会被完全压制。

不过,我们需要明白一点:能够捕捉事业机会,实现可持续发展的事业主体始终是少数,并不是所有的政商企业和有深厚政府关系者都能发展成为财阀。财阀是一种结果,而不是原因。在日本,"财阀"这个词被频繁使用要等到 1900 年左右,之前并没有这个概念。

官营工厂出售和财阀

官营工厂的出售,是财阀形成的契机。毋庸讳言,那些和政府有深厚关系者,才有可能得到这样的机会。这是常识。[1]

在现代产业的初创期,承担风险的是国家。明治政府为了早日确立资本主义体系,亲自参与移植了部分现代产业。因为民间缺乏资本积累和知识积累。之后,在政府散漫型财政和贸易赤字的双重挤压下,官营工厂的国库负担越来越大,于是,政府决定把这些官营工厂出售给民间。

在明治十四年政斗中,大隈重信被更迭。尽管他意识到健全货币制度的重要性,但依然维持了散漫型财政。危机严重化以后,明治政

---

[1]　官营工厂出售论的变迁,参考: 小林正彬《日本的工业化和官业出售》(『日本の工業化と官業払下げ』),东洋经济新报社 1977 年。

府不得不转向紧缩财政政策。接任大藏卿的是松方正义,他强制导入了之前推行不力的金本位制,并大量出售造成财政负担的官营企业。银行、运输、纺织业、矿业等官营企业,都以较低的价格转售给了民间。

之所以说是"较低的价格",因为如果考虑政府的初期投入以及技术转移费用的话,出售价格确实是很低廉的。但是要一下子拿出这么一大笔钱来,这肯定又是巨资了。[1] 所以,能抓住这个机会的人,自身需要有相当的资本积累。另外,还需要及时掌握出售信息,否则就不能及时参与进去。对有意购买者来说,这一点相当重要。

出售机会只限于一部分人,并不是完全开放的。同时,有意购买者需要参加竞标。比如,围绕三池煤矿的竞标,三井和三菱的最终出价只相差了数千元,这个典故很有名(后叙)。地方上的商人以及士族合作企业也参加了竞标。就结果来说,购买意愿和资金实力决定了最终花落谁家。

重要的是,出售并不只是企业的让渡,接手后如何把它打造成现代企业,获得收益,才是真正的考验。抓住官营企业的出售契机,参与到日本的现代化进程中,开展多种经营,获得成功——这一切,最终靠的是企业家的经营能力以及企业人力资源的现代化。

需要明确的是,财阀的形成并非单纯的官营工厂购买或者利用背后的政治力量。在信息收集、初期资本的积蓄方面,和明治高官的深厚关系以及藩阀政治有时确实能起很大作用,这是事实。但是那些得到商业机会的企业,很多后来没落了,这也是事实。对财阀的形成来

---

[1] 比如,第4章提到的深川水泥官营工厂,政府进行了大量投资,产品供应给日本各地的军事、港湾、铁道。同时,引进了大量外国技师,为现代产业的知识积累作出了贡献。根据工部省的计算,1874年至1885年,深川工厂的总支出额为37万2698元,出售给浅野总一郎的价格是6万1741元。参见:和田寿次郎编《浅野水泥沿革史》(『浅野セメント沿革史』),浅野水泥株式会社1940年,83-91页。

说,官营工厂的购买是必要条件,并非充分条件。

下面,我们以三井和三菱两大财阀为例,分析财阀这一组织创新的实现过程。三井在江户时代就获得了商业成功,积累了资本,是享有商誉的老铺。相反,三菱并没有这样的积累,无论是物质资本还是人力资本,都必须白手起家。

在明治初期,三井和三菱这两大财阀面临的问题是不一样的。但两大财阀的组织创新的内涵却相当接近。

组织创新一词,听起来枯燥乏味,其实不然。财阀的产生不是一个自然而然的过程,它发生在时代巨变之时。它是那些能够敏捷地抓住商机的企业家胆大心细的创新结果。一句话,它长着生动的"面孔"。

2　三井财阀——人才录用和多种经营

三井的起源

1622 年(元和八年),三井的创业者三井高利出生于伊势国松坂的一个商人家庭,是家中第四子。由于地方上的商业机会有限,1673年(延宝元年),五十岁的三井高利来到江户,开了一家叫"越后屋"的和服店。他的哥哥俊次不喜欢他的商业野心,所以,一直等到他哥哥去世,三井家的和服店才开到了关西商圈。

17 世纪后半期是幕藩体制的稳定期。高利的目标顾客是当时的一批中产层。通过"安心价格"的商业营销手法,高利的生意十分红火。[1]

---

[1] 关于三井财阀,参考: 安冈重明《财阀经营史研究》增补版(『財閥経営史の研究(増補版)』),密涅瓦书房 1998 年;安冈重明编《三井财阀(日本财阀经营史)》(『三井財閥(日本財閥経営史)』),日本经济新闻社 1982 年,等。

原本,江户传统的和服店都没有固定售价,熟客来店里后,通过个别交涉决定价格。因为这样,顾客群十分有限,局限在有信用且相互熟悉的武士或豪商家庭。高利废除了请熟客入店谈价的做法,改为"店前销售"。"现金低价销售,不讨价还价"的定价销售法在中产阶级中受到欢迎。开业十年后的 1683 年,除和服业之外,高利又介入了货币兑换业,生意颇具规模。

由于和服店和货币兑换生意的关系,三井高利和德川将军家有了密切联系。和服店和货币兑换店都成了德川家的"御用"(指定商家——译者注)。高利不满足于在江户的成功,他在大阪和京都也相继开设了店铺,有了一定的行业地位。1694 年,七十三岁的高利去世。

三井高利死后,继承家业的是三井高平。他对三井的家族企业及其经营体系进行了大刀阔斧的改革。首先,高利留下的庞大的遗产不作分割,作为家族共有财产进行管理。1710 年,成立了无限责任制下的"三井大元方"(某种形式的合作制或者股份制公司),对组织结构进行了改造。[1] 三井大元方由九个家庭组成(后来变成了十一家),共同经营和管理和服店以及货币兑换店。另外,不仅是产业,家族内部事务也实行统一管理,由此,制定了严格的家规——"三井家家宪"。

大元方每年两次对事业收益进行分配,各家按持股比率领取。通过共同所有制,三井家成为了江户时期首屈一指的大商人之一。

[1] 关于大元方的详细历史,参考:三井文库编《三井事业史——本论 1~3》(『三井事業史——本編 1~3』),三井文库 1980 年;安冈重明《财阀形成史研究》(『財閥形成史の研究』),密涅瓦书房 1970 年,177—215 页。

明治维新和外部经营者的录用

19 世纪中期的江户后期,货币经济不断发展,和农业为代表的封建体系之间产生了严重的龃龉。武士和农民的巨额负债以及债务不履行,成为很大的社会问题。

屋漏偏逢连夜雨。恶劣气候降临,再加上 1855 年的安政大地震,农业普遍歉收。灾荒蔓延,政情极不稳定。幕府及大名家(诸侯)对和服店的款项支付也越来越拖延。在这种情况下,三井不得不把事业重心放到货币兑换生意上。兑换店取代和服店,成为了三井家的主导事业。[1]

三井的生意也受到列强侵入、社会动荡的影响。19 世纪 50 年代,贸易港相继开设。为了对抗列强以及西南雄藩的反抗,德川幕府开始了大规模的军事现代化进程,要求大商人们提供资金援助。三井家被要求出资五十万两。三井家原本就已经借了不少钱给幕府,现在再要筹五十万两,物力上不可能;如果政局进一步恶化,更会一无所有。

三井作出了大胆的决定:创业以来,首次聘请外部人员。三野村利左卫门(1821—1877,当时的名字是美野川利八)这位新兴商人被三井录用为了番头。

毫不夸张地说,正是外部人才的录用,才使得作为幕府"御用"商家的三井在幕末生存了下来,并成功转型为了明治时期的代表性财阀。无论江户时代如何盛极一时,如果不能顺应时代变化,终将被淘汰。距离权力越近,变化产生的风险也越大。

---

[1]《三井事业史》(『三井事業史』)是这么写的:"幕府末期,兑换店生意扛起了三井家整体的命运。"参见:本论 1(本编 1),647—648 页。

三野村利左卫门的录用

三野村幼年时期的情况不详。1821 年,三野村出生在出羽庄内藩。[1] 出于各种原因,他的父亲关口松太郎被驱逐出该藩,成了浪人,最后死于九州。利左卫门和姐姐成了孤儿。

十四岁时,利左卫门来到京都。十九岁又到了江户,住进了位于深川的风干沙丁鱼批发店"丸屋",成为一名雇工。在丸屋的工作得到肯定后,利左卫门又成了骏河台旗本小栗家的伙计。这时候,小栗忠顺(后来的上野介)还是个十几岁的小伙子,尚未继承家业。他比利左卫门小六岁。和小栗的结识是利左卫门日后发达的重要机缘。

利左卫门依旧工作勤勉,得到雇主的赏识。1845 年(弘化二年),他成为了从事菜种油和砂糖生意的商人——纪之国屋老板美野川利八的女婿兼养子,并承袭了美野川利八的名号。

说是纪之国屋,但实际上只是一介贫寒商户。经过十来年的苦心经营后,利八积累了一定财富。他用积蓄购买了一些货币兑换商的股份。1852 年,他自己也成为了一名从事兑换生意的商人。这一年,是佩里来航的前一年。

这时候,以前的主家——小栗家的长子顺忠(上野介)出人头地,成了幕府勘定奉行。利八的店铺就在附近,作为兑换商,他经常出入小栗的府第。

利八在这里获得了相当有价值的情报。在第 2 章中,我们介绍过

---

[1] 本书关于三野村的记述多来自以下传记:三野村清一郎《三野村利左卫门传》(『三野村利左衞門伝』),三野村合名会社 1969 年。

压迫幕府财政的不平等条约,谈到过小判和洋银的兑换比。从勘定奉行那里,利八听说幕府出了新布告:参照和洋银的兑换比,天保小判一两可以换取万延小判三两一分二厘。

商业嗅觉极为敏感的利八马上收购了大量天保小判,用以兑换万延小判,获利颇丰。然后,再把万延小判卖给江户的大店——三井兑换店。就这样,利八和三井结缘了。

三井兑换店的主席番头是齐藤专藏。他见识了利八卓越的商业才能,允许利八自由出入三井兑换店。因为利八商业嗅觉灵敏,店主也记住了他的面孔,看见他就喊"纪之利、纪之利"(纪之利,就是"纪之国屋的利八"的意思),十分喜欢他。确实,利八精明能干,对数字尤其敏感,能灵敏地捕捉商业机会。另外,他的谈判能力也超强,是一个不折不扣的高能商才。

其实,当时的三井在"江户大店"这个招牌下,日子并不好过。幕末的货币改铸,造成物价上涨、利率降低。还有那些不情愿地出借给大名们的贷款,很多成了不良债权。再者,在开港后的景气中,对生丝业者的好多账外放款产生了亏损。这些巨额累积债务使得三井正面临创业以来的最大危机。

幕府缺钱。无论是长州征讨的军费、下关炮击事件的赔偿,还是军备现代化,都急需资金。幕末三年间,幕府累计向三井征收了266万两赞助金。1864年,又另外追加了50万两。

面对幕府无休止的索要,齐藤感到万般无奈。这时候,他看中了利八。一方面,他认为利八具有克服经营困境的商业手腕,另一方面,他和勘定奉行小栗(上野介)的深厚交情也是有利条件。作为三井的大番头,齐藤放下矜持,作出决断:委托利八和幕府交涉。[1]

利八利用和各藩高官的人脉关系，开展了耐心的谈判工作。最终，幕府决定把五十万两减为十八万两。借助这份功劳，1865 年，三井家正式聘请利八为番头。这一年，利八四十五岁。他取了三井的"三"、美野川的"野"，以及木村家的"村"字，给自己起了一个"三野村"的姓，名"利左卫门"。

然而，幕府的索要不过刚刚起了个头。幕府面临一系列窘境。由于江户时期货币经济的发展，大名和士族的不良债权增加。货币体制恶化，不兑换纸币的乱发也没有收敛的迹象。进而，平定西南雄藩的叛乱需要筹措大量军费。种种因素叠加在一起，幕府的财政急剧恶化。《日美修好条约》签订后，日本和其他列强之间也签订了一系列不平等条约，失去了关税自主权，对外资金需求也陷入了困境。从这个意义上说，日本和其他亚洲国家一样，处于殖民地化的边缘。

所以，幕府什么时候再提高资金索要额度，完全有可能。事实上，为改善幕府财政状况而四处奔走的小栗（上野介）一直在提出相关要求。因为两人的关系，三野村竭力支持小栗的改革，另一方面，他的眼睛也没离开过维新势力的动向。

幕府对外谈判中的软弱使得倒幕派的"尊王攘夷论"逐渐占据上风。双方的激烈冲突终于爆发了。三井进行了两手准备。一方面，三野村在江户继续和小栗（上野介）以及幕府斡旋，另一方面，三井大元方的高朗在京都和维新派接触。1867 年（庆应三年），败象已露的德

---

[1]　三野村清一郎：《三野村利左卫门传》（『三野村利左衛門伝』），三野村合名会社 1969 年，6—34 页。

川庆喜决定"大政奉还",江户幕府倒台,明治政府成立。到了这个阶段,三野村表态支持明治政府,承诺将为维新政府提供资金支援。

新政府决定迁都江户(东京)。三野村在东京开展了一系列支援活动。首先,就新政府发行的太政官札在江户的流通问题,三野村提出了建议并表示,三井可以协助政府做这件事。

新政府还没有在关东地区确立起政府信用,太政官札也没有获得商人的信赖。所以,由三井这样具有商业信用和兑换能力的大店来承接新货币的流通事务,是再好不过的事,可以帮助明治政府确立货币信用,并在东京站稳脚跟。就这样,三井成功地进入了新政府的财政运营体系。

初期的明治政府,其财政基础和政治基础都很薄弱,却面临着快速工业化和建立强大军队的使命。三野村审时度势,开始打造和新政府的关系。他瞄准了明治维新的元老井上馨。三井主动表示,愿意承揽明治新政权在金融、外汇、贸易等方面的事务。1867 年至 1871 年的五年间,承揽总数达到十四件。[1]

这些承揽事务包括大藏省(会计官)的为替方御用、贸易商社代表、为替会社代表、造币寮为替御用等财政、通商事务,还包括伊豆七岛物产销售担当、北海道物产贩售促进、开垦会社总头取等边境地区的物产销售、产业振兴事务。

需要说明的是,明治政府依赖的不只是三井一家,新政府对江户时代有名望的其他豪商、富商也同样委以重任。随着政情稳定,新政

---

[1]　安冈重明编:《三井财阀(日本财阀经营史)》(『三井財閥(日本財閥経営史)』),日本经济新闻社 1982 年,68 页。

府逐渐把这些事务收归直接管辖。在体系的切换过程中,我们可以观察到,存在两类不同的商人:一类是还没有完全从封建体制蜕皮的商人,另一类是积极拥抱新时代的商人。

比如,明治初期用"金壳出纳所御用"的名义代理政府财政业务的豪商,除三井之外,还有小野组和岛田组。三家企业在代理出纳业务的同时,也把预存的公款放贷,进行资金运作。

明治政府的行政机构逐步完备后,开始收回这些代理出去的权力。1874 年,新政府要求三家企业上交"放贷公款及其收益",同年 10 月须全额缴清。三井家卖掉部分资产后上交了全部款项。小野组和岛田组无法按时缴纳,结果破产。[1]

我想重复这句话:疾风知劲草。财阀只是结果,而不是原因。只有顺应时代变化,与时俱进者,才能在竞争中胜出。

获得政府信任后,三野村的下一个目标是设立银行。对三井单独设立银行这一点,政府内部有不同意见,进展并不顺利。这时候,一直主张单独设立银行的三野村主导了一项大胆的改革:把三井的祖业也就是和服店分离出去,独立经营。

早些时候也就是 1872 年(明治五年),大隈重信参议、井上馨大藏大辅、涩泽荣一大藏大丞这些政府要员商议后,对三井表态:如果想设立银行,必须把幕末时期就经营不善的和服店分离出去。幕末开始,和服业就一直不景气,成了压迫三井家财政的一块巨石。如果要涉足现代银行业,这一负债不能累及三井大元方。

---

[1] 具体过程参考:安冈重明编《三井财阀(日本财阀经营史)》(『三井財閥(日本財閥経営史)』),日本经济新闻社 1982 年,69 页。

得到这个明确指示后,三野村设了"三越家"这一分支,正式分家。和服业被转给了后者:"大小事务,三越接受大元方的监督和指示。大元方起监督作用,但是对负债不负有责任。"财阀研究的大家安冈重明指出:"在有限责任公司制度尚未确立的明治早期,所有权和支配权以无限责任的形式相互粘连在一起。(中略)在这里,我们看到,三井大元方在摸索一条有限责任制的新路。"[1]

有两百多年历史的祖业被分离出去的同时,三井家族对所有权和经营权的控制受到严格限制,家族内部的不满可想而知。[2]

三野村压制住了家族势力的抵抗,于 1876 年(明治九年)设立了日本最早的民间银行——三井银行。与此同时,三井组解散。三野村通过组织改造,把事业风险的连锁效应降到了最低。他打造了"资本和经营"相分离的模式,为三井迈向新的事业高度扫清了障碍。

三井这一脱胎换骨的改造是在外部人才三野村的决断和推动下实现的。相比之下,内部人士容易留恋过去的成功经验,画地为牢。对于在德川幕府时代就构筑了稳固的行业地位和特权的"御用商人"三井来说,让家族内部人士做出"舍弃过去,支持还是未知数的新政府"这样的决断,几乎是不可能的事。

在现代化进程中,舍弃家族祖业,进入高风险的银行业,这种选择,内部人士难以做到。改革后,三野村被任命为三井大元方总辖,并负责全权管理三井家的家政。

---

[1]　安冈重明编:《三井财阀(日本财阀经营史)》(『三井財閥(日本財閥経営史)』),日本经济新闻社 1982 年,78—79 页。

[2]　安冈重明:《财阀形成史研究》(『財閥形成史の研究』),密涅瓦书房 1970 年,261—263 页。

益田孝和三井物产的设立

对明治政府来说,要想守护日本的独立,必须尽快打下现代资本主义的基础,建立强大的军队。为此,需要建立稳定的金融系统和国内流通体系,需要振兴产业以防止过大的贸易逆差。问题是,在明治初期,财政收入和关税收入都不稳定,缺少资本积累。明治政府想要在这种情况下和列强谈判,困难可想而知。

三野村了解政府的苦境,他在找寻新的事业机会。他认为金融和通商领域大有可为,决定进入。

在当时的三井家,包括三野村在内,掌握现代产业知识的人才十分匮乏。聘用具有企业家能力的外部优秀人才,至关重要。

三野村很快有了新的事业定位:开拓和银行业关系密切的贸易。回过头来说,1873 年(明治六年),围绕国立银行问题,政府内部意见分歧,井上馨辞去了大藏大辅的职务。他的部下涩泽荣一、益田孝也跟着一起离职。[1]

井上的商业灵敏性相当好。同年 10 月,他涉足商社业务,代理了新政府推行的租税米换现金加以流通的"石代米"事业、国内物产(包括高岛煤矿的煤炭买卖)等,还设立了开展海外贸易的冈田组(翌年三月改名为"先收社")。井上亲自担任先收社的社长,益田孝和木村正干为主要干部,不断扩大国内外市场,生意做得有声有色。1875 年,由于井上回归政坛,还不到两年时间,公司面临解散。

---

[1] 参考:长井贯编《自叙益田孝翁传》(『自叙益田孝翁伝』),内田老鹤圃 1939 年。该书不是益田亲自执笔的自传,而是由他的秘书、同时也是月刊《卫生》主笔的长井把益田的各种自叙记录下来,整理而成。在该书中,益田毫不掩饰自己,他回忆了各种事件,也谈论各色人物,非常具有可读性。另外,出于职业习惯,长井在记录的同时,还加上了详细的注释或其他考据,可信度很高。

三野村和益田达成协议，把先收社接收下来，改名三井物产，统合了原来三井国货贸易的相关业务。在三井银行之外，奠定战前三井重要事业基础的"三井物产"，诞生了。

三野村的组织设计兼顾了对新事业的进取心和三井家族的保守主义。与和服生意一样，三井物产从三井家分离出去、是一个独立的公司。三井武之助（总领家七男）和养之助（六男家三男）担任社主。这是一家和三井银行没有资本关系的企业，设立时间是 1876 年（明治九年）。

设立三井物产的同时，另一个决定也十分重要，那就是聘请益田孝（1848—1938）为社长。益田当时年仅二十八岁，还是个青年。他成为了三井的新鲜血液。

益田不但把先收公司改造成为了崭新的三井物产，使之成为三井财阀的重要组成部分，而且，他还接替三野村，继续推动三井的现代化。益田性格爽直，很有幽默感，是一位务实的经营者。这一点，《自叙益田孝翁传》里有生动的记载。[1] 后来，益田还成为了一名风雅茶人，号"钝翁"，声名远扬。而此时的益田，还只是一位实践派的、好奇心旺盛的年轻人。这样一位俊才，也被三井网罗到了麾下。

1848 年，益田出生在佐渡一个地方官吏的家庭。为了防范俄国南下侵犯，父亲鹰之助被任命为函馆奉行支配调役下役。从地方官吏到幕府直属官员，是一种荣升。过了一段时间，孝也移居到了函馆，并在那里接受教育，学习了非常初步的英语。函馆开港后，父亲改为江户勤务，孝于是也跟着到了江户。在美国公使馆所在地的麻布的善福寺，孝继续学习英语。

---

[1]　如前所述，长井的《自叙益田孝翁传》（『自叙益田孝翁伝』）是益田的口述笔录。长井进行了多方考证、验证，具有相当高的可信度。

那时候一起学习英语的人中,有一位叫作矢野二郎的,他后来开设了商法讲习所(后来的东京高等商业学校,现在的一桥大学)。孝的想法是早点出去工作。于是,等不到年满十五岁——十四岁的孝穿上成人的服装,当上了外国方通辩御用(幕府专任翻译)。从他的这些经历看,很多人认为他的英语水平应该相当高。不过他本人却相当谦虚。他的口述很有趣,在这里摘录一二:

> 我稍微懂一点英语,就以住寺的形式,在麻布的善福寺开始勤务。(中略)
>
> 外国的军舰和商船来羽田湾时,外国方(管理外国事务的官员——译者注)就命令我:你去问一下。于是我从品川坐小船前往。要询问的问题,预先请人写下来,比如"What you come for"等。到了那里,一旦听懂对方的只言片语,就开始自己琢磨,然后回去复命:大概是这么这么一回事。真是好险啊。[1]

确实,零散学来的英语而已,要听懂对方所有的话,是不可能的。后来,作为官员和商人的益田继续在实践中学习英语。1863 年(文久三年),幕府为了阻止横滨开港,打算和列强谈判。池田筑后守长发被派往欧洲,孝的父亲鹰之助作为会计役同行。孝也绝对不想错过这个机会,于是假装生病,辞去翻译工作后随行。

当时,父子共同渡航去海外,是不行的。"我取了个益田进的别

---

[1] 长井贯编:《自叙益田孝翁传》(『自叙益田孝翁伝』),内田老鹤圃 1939 年,27—36 页。

名,作为父亲的随从",顺利出发了。[1]　一个十五岁的少年,用尽各种手段——装病、取别名,这种做派非常能反映益田的个性。

一行人从品川坐船前往上海,这是一艘很小的法国炮舰。在上海换乘 2 400、2 500 吨的法国汽船,经由埃及前往法国。在埃及停靠时,一行人去了吉萨。想想那些穿着和式外褂和裙裤的武士们攀爬斯芬克斯的样子,一定很有喜感。在旅行回忆录里,益田记录下了这次珍贵的旅行中遇到的各种奇闻异事。因为和本书的关系不大,这里只摘录其中的一个小片段:

> 在一行人中,田中是个特别烦人的家伙。终于到了马赛,上岸,然后来到饭店。有人前来迎接:请到这边来,我来带路。我们进去一看,是个很小的房间。日本再是小国,把我们带到这么小的一个房间,实在太不合乎礼仪了,田中怒气冲冲地说道。正在恼怒不已的时候,那个房间倏地向上升去。原来是电梯。[2]

这个情节还原了梳着丁髻的武士第一次乘坐电梯时的诧异景象,令人捧腹。益田还写道:"到了马赛,我们不禁感慨:同样是人,怎么差距会这么大? 一众人不禁掩面而泣。"幕府的横滨锁港谈判使节团出访欧洲,实实在在地见识了日本和西欧在经济、技术等方面的巨大差距。

回国后,益田在翻译和商务官员云集的横滨继续学习英语。他进

---

[1]　长井实编:《自叙益田孝翁传》(『自叙益田孝翁伝』),内田老鹤圃 1939 年,55 页。
[2]　同上书,58—59 页。

入了英国人的一个叫赤队的小队,名义上是训练,实际上是学习英语。不久,幕府成立新编陆军,他报名加入了骑兵队。1867 年升为旗本,第二年再次擢升为骑兵头并。

不久,幕府和倒幕军之间发生戊辰战争。最后,德川幕府决定"和平开城"。幕府的统治结束了。益田评论说:"幕府为什么那么脆弱? 因为内部已经腐烂了。""对这一点看得最清楚的,恐怕是庆喜公自己了。"这些见地委实意味深长。下面这段引用,直击幕府倒台的本质:[1]

> 幕府内部没有像样的人物。即使有,出于各种礼法规矩,也不管用吧。简直就是毫无办法。
>
> 相反,萨长两藩英才辈出。革命的决心一下,全藩团结一致,领袖人物应运而生。即便是穷书生或者其他什么人,只要有见识,有一技之长,都有出人头地的机会。幕府和萨长之间,起关键作用的人物的决心完全不同。

拘于礼法规矩,不能吸引人才的组织,不管过去有过多么样辉煌的历史和权威,眨眼之间就烟消云散了。

井上馨和先收会社

维新后,新政府拨付 70 万石,德川庆喜迁居骏河。不少幕府老臣随之迁往静冈。益田的想法不同:"自己是一介小官,跑去骏河,徒劳无功。还是自己做些生意吧。"

---

[1] 长井贯编:《自叙益田孝翁传》(『自叙益田孝翁伝』),内田老鹤圃 1939 年,87 页。

　　他认定开港后的横滨有很多商机,于是借了亲戚家的房子,移居到了横滨。"因为略懂英语",益田一边做商务翻译,一边留心观察各种商业机会,逐渐掌握了生意的门道。他选择了当时的主要出口商品茶叶和海产品,做起了外贸。

　　益田的眼光很厉害。"那个时候,我只要稍微看一下,就知道这茶叶出自伊势或者别的什么地方。"他的才干被横滨的一家大商馆——"亚米一"看中,聘为沃尔什会馆的事务员,益田在那里干了一年左右。

　　1871 年(明治四年),新政府开始整顿藩札、太政官札。为了铸造新货币,在大藏省的管辖下,设立了纸币寮、造币寮。为铸造货币,在大阪设立的造币寮需要从日本各地大量采购金银作为原材料。

　　五代友厚是一位以大阪为基地的明治时期的代表性企业家。他和友人冈田平藏了解到这个信息后,想到收购日本的古金银,再卖给造币寮的点子。为了分析纯度,他们在大阪设立了检测所。造币所的负责人是英国人托马斯·经多尔。业务开始后,五代需要有人替他用英语和经多尔沟通,他找到了能说英语的益田。

　　益田被任命为检测所的监察,他经常从横滨坐船来大阪上班。这时,冈田向他介绍了当时掌管大藏省的井上馨。井上听闻益田想成为贸易商,告诫道:"想做生意,不了解和熟悉政府是不行的。"他邀请益田加入新政府。

　　在益田的自叙中有一段这样的描述。益田和五代商量此事,五代说:"你原本是幕府之人,现在是萨长的天下了,你干什么都不方便。井上这么说的话,你就进政府吧,给自己一个新身份,这是条出路。"不过是幕府一介小官的益田,就这样和新政府——特别是井上搭上了关系。

　　井上也有自己的考量。"益田在横滨和外国人做生意,了解外国人的心思。和东方银行的罗伯特森也熟悉,各方面来说都是个合适的人选。"于是,大胆推荐他担任造币权头。[1] 罗伯特森(Robertson)是英国东方银行横滨支行的行长,是他向新政府推荐了掌管纸币寮、造币寮的外国雇员托马斯·经多尔。[2]

　　就这样,益田进入了大藏省,作为造币权头前往大阪赴任。井上馨大藏大辅、涩泽荣一大藏大丞、益田孝造币权头组成的"大藏体制"形成了。当时的大藏卿是大久保利通,但他作为岩仓使节团的一员正在欧美考察,因此,实际上"涩泽是大藏次官,井上是大藏大臣"。[3]

　　1873 年(明治六年),围绕"征韩论",政府内部产生意见分歧。井上和涩泽辞去了大藏省的职务,受井上邀请入职的益田也跟着辞职。井上有做贸易的念头,设立了先收公司。涩泽那时候在为创设国立银行的事奔走。先收公司成立后,井上任命原本就想从事贸易的益田为副社长。

　　以上是益田和井上以及先收公司的关系。由此我们了解到,对三井物产来说,益田是一位非常重要的人才。他通过商贸实践掌握了贸易技巧,懂英文,而且和外国商馆、大阪商界保持着沟通渠道,是一位不可多得的商业伙伴。

　　有一种看法认为,益田是具有保守倾向的商业派,而后面即将出场

---

[1]　具体经过,参考:长井实编《自叙益田孝翁传》(『自叙益田孝翁伝』),内田老鹤圃 1939 年,142—154 页。东方银行是为东京-横滨间铁道提供资金的英国银行。对新政府来说,行长罗伯特森是一位重要人物。

[2]　东方银行和大阪造币局,参考:立胁和夫《大阪造币局和东方银行》(「大阪造幣局の建設とオリエンタル・バンク」),东南亚研究年报 1986 年第 28 号。

[3]　长井实编:《自叙益田孝翁传》(『自叙益田孝翁伝』),内田老鹤圃 1939 年,155 页。

的中上川彦次郎是工业派。实际上,两人的志趣并无很大差异性。[1]

比如,下决心收购三池煤矿的决策者是益田。1888 年(明治二十一年)4 月,政府决定出售官营企业中最大规模的三池煤矿(创设于 1873 年)。从 1879 年起,三井物产就包揽了煤炭的一手销售业务,并陆续在上海、香港、新加坡等地开设了分支机构。

益田确信,失去三池煤矿会给三井物产的海外业务带来不可估量的损失。益田有一定的化学知识,他了解三池煤炭的品质和储存量。因此他强调,必须不惜代价买下三池煤矿。他要求公司授予他全权,负责整个竞标过程。

另一方面,竞争对手们也在活动。在海运事业中获得成功的三菱公司(后叙)的岩崎弥太郎一直在思考后方统合战略。他也认识到煤炭的重要性,也在策划竞标三池煤矿。最后,竞标的结果是:佐佐木八郎出价 455.5 万元、川崎仪三郎出价 445.27 万元、加藤总右卫门出价 427.5 万元,三井武之助和养之助出价 410 万元。这其中,佐佐木和加藤都是益田借用的名义,都属于三井系。第二位川崎是三菱系的,两者的竞标价只相差了 2 300 元,益田赢了。在回想录中,他是这么说的:

　　400 万是政府出的底价,以武之助和养之助的名义提出与之接近的竞标价,再以加藤的名义提出 427.5 万元的竞标价。怕万

---

[1]　安冈指出:中上川的工业化路线的前提是井上和益田的矿业化路线。参考:安冈重明编《三井财阀(日本财阀经营史)》(『三井財閥(日本財閥経営史)』),日本经济新闻社 1982 年,127—130 页。

一有失,再提出一个 450 万的竞标价——因为担心别人也会提出这个价位,在此基础上又加了 5 万,再添上零头 5 000 元,合计455.5 万元,以佐佐木八郎的名义举牌。[1]

如果没有最后这个"零头 5 000 元",三池煤矿就成了三菱的囊中之物。益田的商业头脑令人佩服。

和三菱相比,三井物产没有经营煤矿的经验。三井对三池煤矿抱有这么大的兴趣,政府方面也没想到,对三井不按常理出牌的竞标策略颇感吃惊。不过,益田十分清楚,三池煤矿对三井物产的将来意义重大,其经营的成败在于人才。因此,他费尽心思地要把三池煤矿拿到手。并且,他公然说,他出的这个价格里,包含了聘用三池煤矿的技师长团琢磨(1856—1932)的费用。[2]

团琢磨何许人也? 1871 年(明治四年),14 岁的团琢磨跟随黑田藩藩主赴美考察,就此留在美国,后进入麻省理工大学(MIT)的矿山学科学习,顺利毕业,是一位不可多得的俊才。

当时的矿山经营整体上非常原始。缺乏用机械来提高效率的激励机制。为什么? 几乎所有矿夫都是囚犯,廉价劳动力很丰富。益田认为,通过引进优秀的矿山技术提高生产效率,就能早日收回初期投

---

[1] 安冈重明编:《三井财阀(日本财阀经营史)》(『三井財閥(日本財閥経営史)』),日本经济新闻社 1982 年,293—294 页。

[2] 益田是这么评价团琢磨的:"在对外关系上,团也是不可多得的人才。有的人懂外语,但不懂算盘。懂算盘,又不懂外语。"(参考:长井实编《自叙益田孝翁传》(『自叙益田孝翁伝』),内田老鹤圃 1939 年,395 页。)安冈也指出:"益田不轻视矿业的另外一个证据是,就'三井合名理事长'(整个三井的统率者)的人选,他推荐了团琢磨。"参考:安冈重明编《三井财阀(日本财阀经营史)》(『三井財閥(日本財閥経営史)』),日本经济新闻社 1982 年,130 页。

资。他认为团琢磨能够担负起矿业现代化的使命。如益田设想的那样,后来,三池煤矿通过技术改造实现了发展,三井也获得了足够的回报。

不只是技术方面的贡献。进入 20 世纪以后,团琢磨还对三井股份公司的组织设计和经营作出了很大贡献。作为一名 MIT 出身的工程师,团被比喻为通用汽车的"中兴之祖"阿尔弗莱德·斯隆。他们都出身工程师,都在大型企业的组织设计和运营中大显身手。[1]

中上川彦次郎·团琢磨的录用

三野村利左卫门在幕末拯救了三井的危机,推动了三井的现代化。他死于 1877 年(明治十年)10 月,改革大业尚未完成之时。三野村致力于缩小三井家族的权限,在他去世前后,三井家族内部的一些不满分子开始复权活动。他们抱怨,因为三野村的改革,"三井组大元方的资产不再是三井家的共有财产"。复权分子们重新拿回了权力,大元方的资产又成了三井家族的共有财产。家族的人开始重新插手家产和各种事业。

三野村去世后,他的养子利助成为了三井银行的总长代理(副行长),更严峻的考验正等在那里。除了始于 1881 年(明治十四年)的松方通缩的影响外,第二年,日本银行创设,之前三井代理的官金业务被移交给了日本银行。三井银行必须完成新的蜕变:从一家代理官金

---

[1] 关于阿尔弗莱德·斯隆的生平,参考:阿尔弗莱德·P·斯隆《我在通用汽车公司的岁月》,花园城 1964 年 (Alfred P. Sloan, *My Years with General Motors*, Garden City 1964)。1914 年,团继益田之后,成为了三井合名会社的理事长、日本最大的跨业企业的经营者。他不仅是一名工程师,还是三井的统帅,对三井的现代化贡献良多。不幸的是,1932 年,他在三井本馆被右翼团体"血盟团"的学生支持者暗杀。

业务的半官营银行,转变成一家民间主导的商业银行。

由于三野村利助被任命为了新设立的日本银行的理事,他脱离了三井银行。大阪支店的主任西邑虎四郎接任行长。三井银行该如何从公金依存的体制走向真正的商业银行? 面对这个挑战,西邑显然没有气量去完成使命。

松方通缩时期产生的 350 万元不良债权是个大问题,作为日本银行的业务代理,三井一度放漫式地开设了很多派出机构,效率很低。另外还有不少钱借给了政府要人,难以收回。三井陷入了财政信用危机,市场对三井银行的不安情绪上升。1891 年,发生了挤兑骚动。

三井银行的监事石川良平很忧虑事态的发展。他向有姻亲关系的山县有朋讲述了实情,寻求建议。山县把问题带到了和三井关系深厚的井上馨那里,共同商量对策。井上和涩泽、益田、三野村利助商议后,向三井推荐了庆应义塾出身、当时在《时事新报》任职的高桥义雄,他本人也有洋行工作的经历。

高桥后来回忆说,当时的三井"好像一颗被腐蚀的大树,稍微用点力就可能倒下。"[1] 三井的情况危殆,但光靠高桥一人,无法重振乾坤。于是,井上又推荐了当时担任山阳铁道会社社长的中上川彦次郎。[2]

中上川彦次郎的改革

1854 年(嘉永七年),中上川出生在旧中津藩一个下级武士的家

---

[1] 高桥义雄:《帚之后》上(『箒のあと(上)』),秋丰园 1933 年,180 页。

[2] 安冈重明编:《三井财阀(日本财阀经营史)》(『三井財閥(日本財閥経営史)』),日本经济新闻社 1982 年,120—122 页。

庭。父亲才藏在当地担任勘定役,母亲是福泽谕吉的姐姐。[1] 他自幼崇拜舅父福泽谕吉,1869 年(明治二年),16 岁的彦次郎上京,进入庆应义塾学习,寄宿在福泽家中。毕业后在中津、宇和岛等地的洋学校教授英语。后经福泽谕吉推荐,开始在庆应义塾执教。

这期间,中上川一直想去留学。福泽却一直没有点头。后来,福泽的得意门生小泉信吉(小泉信三的父亲)决定去留学,福泽说,你和小泉一起去的话,那倒是可以。1874 年(明治七年),二十一岁的中上川拿到了留学许可。中上川在伦敦国王学院待了四年后回国。由于他的日记在关东大地震中烧毁,留学的具体情况不详。[2]

留学期间,中上川结识了当时正在欧洲考察的工部卿井上馨。因为这个缘分,回国后,中上川进入了工部省。后来井上转任外务卿,他也跟着调到了外务省担任书记官。

1881 年,围绕立宪后的政治体制设计,俾斯麦派的伊藤博文、井上馨和主张英法立宪君主制的大隈重信之间发生了政斗,结果,大隈被压制。给大隈的自由民权运动提供理论支持的福泽谕吉以及庆应义塾派也被从政界驱逐。福泽谕吉的外甥中上川自然也被看成是庆应派,不得不从外务省辞职。

此次政斗是一场围绕国会体制的政治斗争,其中也掺杂了对萨长藩阀政治的不满,以及围绕北海道官业出售展开的权力斗争。中上川和这些事情没有直接关系,却也要被迫辞职,实属时运不济,但这也是

---

[1] 关于中上川的谱系,参考:白柳秀湖《中上川彦次郎传》(『中上川彦次郎伝』),岩波书店 1940 年。《自叙益田孝翁传》是益田自叙,长井尽可能客观地编修而成。与此相比,白柳写的这本书带有作者比较强的主观色彩,缺少趣味性。

[2] 白柳秀湖:《中上川彦次郎传》(『中上川彦次郎伝』),岩波书店 1940 年,420 页。

契机——在此之后，中上川成为了一位民间企业家。

1882 年，因为国会开设在即，福泽谕吉创办了日刊《时事新报》。他任命中上川担任社长。该报的宗旨是传播民主思想。在推动日刊发行的过程中，中上川尝到了创业的艰辛。[1]

他一边经营，一边还要负责写社论、校对稿件等，也就是说，他实际上兼任了主编一职。关于他的经营风格，有不少逸话，比如：他是第一个用气球做广告的人。

　　明治十五年前后，报纸基本上还停留在用社论造势的状态，没有人关注广告。创刊起就成为福泽谕吉的左右手、担任社长并负责《时事新报》经营的中上川彦次郎想起在英国时研究过的各种问题，意识到在报纸经营中，获得广告是最重要的事情。他为此想了不少新点子。（中略）他准备了很多气球，下面悬挂有巨大的宣传单："想做广告的话，请找日本第一的《时事新报》。"然后从二楼的窗户放飞出去，着实可以飞得很远。果然，后来在东京的报纸中，《时事新报》成了广告收入最多的报纸。[2]

中上川不但口才好，而且头脑灵活。1887 年（明治二十年），民间掀起了铁路建设的热潮。关西经济界设立了山阳铁道公司，三菱集团的庄田平五郎等邀请中上川担任该社社长。

关西经济界存在对立的两大派系：由岩崎、庄田等率领的三

---

[1]　白柳秀湖：《中上川彦次郎传》（『中上川彦次郎伝』），岩波书店 1940 年，448 页。

[2]　高桥义雄：《帚之后》上（『箒のあと（上）』），秋丰园 1933 年，102—103 页。

菱集团和藤田传山郎率领的藤田组。这次双方合作，内部并不是铁板一块。尽管有种种摩擦，中上川发挥了出色的组织才能，在三年半的时间里，完成了神户—尾道间 137 英里（约 220 公里）的铁路建设。

美国的经营史学家阿尔弗莱德·钱德勒指出：铁道建设需要当时最先进的技术和知识，而且初期投资巨大。为了回收资金，需要有一个相当长期的运营计划，还需要有很强的运筹帷幄能力和组织设计能力——对包括人员在内的各种资源进行合理配置。中上川就是这样一位具备现代经营学知识和能力的人。

他不是一个只追求表面光鲜的经营者。对包括资金筹措、线路勾配设计、最新锐刹车系统的导入等具体的经营问题和技术问题，他都一一过问，极为较真。[1]

果断处置银行不良债权

如前所述，三井银行急需处理大量不良债权，同时，业务也需要转型——从政府公金的代理商转变为面向民间的商业银行。在三野村利助之后担任行长的西邑虎四郎和高桥义雄，难以摆脱长期以来形成的旧式政商关系的桎梏。在这种情况下，井上馨把经营能手中上川推荐给了三井银行。对中上川来说，三井银行是当时最大的民企，这是个绝好的机会，没有拒绝的理由。

但是，中上川的入职并没有受到三井银行所有人的欢迎。高桥是这么描写当时极为冷淡的场景的：

---

[1]　白柳秀湖：《中上川彦次郎传》（『中上川彦次郎伝』），岩波书店 1940 年，510—513 页。

中上川完成山阳铁道的交接后上京赴任,我去新桥停车场迎接。三井银行这边没有中上川认识的人,也没有欢迎的样子。除了我,谁也没来。[1]

要改革三井银行,必须处理大量不良债权,整理幕末以来和政府高官"剪不断、理还乱"的关系。既然要动这样的大手术,在银行里没有熟人反而更好。

在三井银行的恶性不良债权的处置中,有六个难缠的对手——东本愿寺、第三十三银行、角坚吉、堀田瑞松、田中重久,以及陆军中将桂太郎。[2]

天性较真的中上川不打算退缩,他出手了。首先,面对真宗大谷派总本山东本愿寺,中上川强硬提出,要拿丰臣秀吉寄赠的御影堂作为抵押物。听闻此言,东本愿寺慌了手脚,私底下把他称为"织田信长以来最大的天敌",马上发动全国捐款,不久就筹集到了超过借款总额的捐款,还清了银行欠款。

第三十三银行是一家和萨长派阀交情深厚的银行。借款人和债权状况十分复杂。后面我们会提到,三井银行后来靠了录用的新人藤山雷太等,成功追回了欠款。第三家是角坚吉,他是横滨正金银行的金库课长,因为喜欢赌马,反复借款,累积成巨额债务。因为角是横滨正金银行的职员,所以追讨欠款会牵连到三井银行与横滨正金银行之间微妙的关系。尽管是一项回收困难的债权,但理在中上川这一边,

---

[1] 高桥义雄:《帚之后》上(『箒のあと(上)』),秋丰园1933年,214—215页。

[2] 白柳秀湖:《中上川彦次郎传》(『中上川彦次郎伝』),岩波书店1940年,212—235页。

经过交涉,欠款也追回了。

堀田瑞松是一名经常出入三井家的漆画家,自称发明家。他声称要用油漆技术开发船底涂料,卖给海军,他用这个理由从三井银行借了巨款。在中上川的决断下,三井家与之断绝了关系,收回了贷款。田中重久是日本最早的电气工程发明家,设立了芝浦制作所(现在的东芝)。他很早就从三井银行融资,但总是不能按时还款。最后,三井接收了他的制作所,作为了结。这个制作所后来成为了中上川主导的工业化路线的开端。

最后一位是桂太郎,他是长州出身的军人,后来还当了内阁总理大臣。面对三井的追讨,桂太郎完全置之不理。中上川拿出法律依据,寸步不让。最后,桂太郎不得不放下架子面对此事,并丢下一句话:"呵呵,好一个狂妄的商人!"[1]

人才录用和工业化路线

中上川的改革,不只涉及不良债权的回收,他还进行了人才刷新。以前,管理层的任命权是交给各支店负责的,现在改为总店一揽子录用。中上川从母校庆应义塾录用了大量毕业生,强化三井的现代经营体制。他把事业的决策权也移交给这些干劲十足的年轻人,并引进绩效工资制度,给予有贡献者足够的奖励。

中上川从庆应义塾录用的那些翘楚,很多后来成为了三井财阀以及日本经济界的领军人物。代表性人物有(参照表 1):

---

[1]　有人替桂太郎辩护,说其实是他弟弟次郎借的款。不管怎样,三井面对长州门阀出身的政治家、军人能拿出这等气魄,谁也没想到。参考:白柳秀湖《中上川彦次郎传》(『中上川彦次郎伝』),岩波书店 1940 年,230—231 页。

表1 中上川彦次郎提拔的人物

姓　名	录用时间	主 要 职 历
朝吹英二	1891	钟渊纺织专务取缔役
津田兴二	1892	时事新报、三井银行、富冈制丝所所长
波多野承五郎	1894	天津领事、朝野新闻社长、三井银行本店调查系长
村上定	1892	熊本新闻主笔、山阳铁道货运系、三井银行本店抵押系
平贺敏	1896	宫内厅东宫职、三井银行本店调查系、同名古屋支店长
日比翁助	1896	三井银行本店整理系、同和歌山支店长
矢田绩	1895	山阳铁道、三井银行本店秘书课(秘书主任)
铃木梅四郎	1894	横滨贸易新闻社长、三井银行本店调查系
柳庄太郎	1894	时事新报、三井工业部富冈制丝所勤务
藤山雷太	1892	三井银行本店抵押系长、芝浦制作所所长、大日本制糖社长、贵族院救选议员、东京商业会所会头等
林健	1896	三井银行本店勤务、同门司支店长(兼下关支店支配人)
和田丰治	1893	日本邮船、三井银行横滨支店次席、钟渊纺织本店支配人
小野友次郎	1894	三井银行堂岛出张所主任
野口寅次郎	1894	横滨贸易新闻、三井银行本店担保系长、制丝工厂——大崎社工场长(宇都宫近郊石井村)
小出收	1894	三井银行本店勤务、富冈制丝所所长
西松乔	1893	三井银行青森支店长
伊泽良立	1896	三井银行小樽支店支配人
武藤山治	1893	三井银行本店调查系、钟渊纺织社长(日本的纺织王)
池田成彬	1895	三井银行本店调查系、同首席常务、三井合名会社首席理事、日本银行总裁、大藏大臣、商工大臣
藤原银次郎	1895	三井银行本店调查系、富冈制丝所所长、王子制纸社长、商工大臣、国务大臣、军需大臣

出处:根据白柳秀湖《中上川彦次郎传》(『中上川彦次郎伝』),岩波书店1940年,175—185页,作者制成。

朝吹英二(1891年录用):历任三井银行、钟渊纺织等重要职务。

迎娶了中上川的妹妹,成为姻亲。

津田兴二(1892 年录用):三井银行之后,担任富冈制丝所所长。

藤山雷太(1892 年录用):年纪轻轻就担任抵押系长,主导了前述桂太郎等人的债权回收(藤山娶了中上川的另一个妹妹)。后来担任芝浦制作所所长、大日本制糖社社长。

武藤山治(1893 年录用):后来担任钟渊纺织社社长,致力于打造日本式经营的原型——经营家族主义。

和田丰治(1893 年录用):三井银行之后,参与了富士纺织等数十家企业的创设。

池田成彬(1895 年录用):从三井银行被提拔为三井合名首席理事(事实上的三井财阀统帅)。还担任了日本银行总裁、大藏大臣、商工大臣。池田娶了中上川的长女为妻。

中上川录用的那些庆应出身的英才夯实了三井财阀的基础。中上川在实施银行改革的同时,为了进一步推动三井的现代化,他把目光瞄向了制造业。

“人本三井”的形成

以上,我们回顾了三井财阀的历史,让我们简单梳理一下日本财阀的一些特点。

第一,有悠久传统的老店一般风险规避意识也强,对于转换经营方针或者开辟新事业,容易顾虑重重。所以,为了在巨变中生存下来,抓住新的发展机会,有必要引进外部经营人才。

三井在发展的各个重要时间节点上,聘用了三野村、益田等外部经营人才,委以重任,才找到了出路。在三井财阀的转型中,三野村功不可没,同时,下此决心的三井家的决断力也值得赞赏。

但不管三野村怎样睿智,围绕经营方针,家族和被聘请的经理人之间总会有不同看法,从而引发争执。即使是引进三野村、拥护他的再建方针的三井高司,也经常反对三野村的一些做法。[1] 一个有着二百年以上历史的商家,为了维护家产和家名,很自然地会倾向于规避风险。在法律上还没有明确的"有限责任公司"之前,这一倾向就更明显了。

第二,外部经营者在提出改革方案时,必须处理好家族的保守性和自身的进取心之间的矛盾。为此,企业需要一个解决纷争的治理结构。试想一下:你想开展新事业,但决定权掌握在家族手里,而家族又是通过传统商规积累起现在的财富的(这也成为了他们的某种信仰)。得不到他们的许可,就不可能开展任何新的事业。

三野村出色的地方在于,为了解决这一冲突,他设想了一个所有权和经营权相分离的组织架构。他利用明治时期逐步渗透的"有限责任公司"的概念,一方面承认三井家的所有权,但又把他们隔离在经营权之外。

就像美国经营学者巴里·米斯和钱德拉指出的那样:所有权和经营权的分离,聘请专门的经营人才,对现代企业的确立,至关重要。对三井来说,情况也是一样。[2] 两者分离以后,专业化的经营人才就可以绕开家产所有者的阻力,积极开拓金融、贸易、矿业等新领域。

---

[1] 安冈重明:《财阀形成史研究》(『財閥形成史の研究』),密涅瓦书房 1970 年,49 页。

[2] 阿道夫·奥古斯都·贝尔、格迪纳·米恩斯:《现代企业与私有财产》第二版,哈考特 1967 年(Adolf Augustus Berle, and Gardiner Means, *The Modern Corporation and Private Property*, 2nd. Ed., Harcourt, 1967)。

　　第三,人才呼唤人才的良性循环。外部经营者会进一步招贤纳士。在新事业的推进过程中,需要源源不断地招聘年轻人才,把他们配置到新的事业领域中去。这些年轻的专业人士拥有新知识和新经验,他们推动了公司在零售业(百货店)、制丝业、纺织业、海洋业等方面的发展,为三井多种经营事业体的完善开路架桥。

　　在三井股份制公司之下,有众多独立运营的子公司。这一组织形态和美国非常发达的多种经营组织——"分权型多数事业部制"相比,有所不同。

　　从交易理论看,在财阀这一组织结构下,子公司重复设置了企划、人事、总务、财务等间接部门,和分权型事业部制相比,显得机构重叠,成本增加。[1]

　　相比较,在欧美的多数事业部制下,各事业部的间接机构由总部统一管理。公司总部统一配置经营资源,因此可以节约大量成本。但是近年来的研究发现,组织结构的设计并不只考虑经济成本一个因素,路径依赖的影响很大,而且具有内在的合理性。[2]

　　三井采用股份制公司以及"多种经营子公司模式",有三大路径依

---

　[1]　参考:奥利弗·威廉姆森《市场与等级: 分析与反垄断影响》,自由出版社 1975 年
　　　　(Oliver E. Williamson, *Markets and Hierarchies: Analysis and Antitrust Implications*,
　　　　The Free Press 1975);小阿尔弗雷德·D·钱德勒《战略与结构: 美国工业企业的历
　　　　史》,MIT 出版社 1962 年(Alfred D. Chandler, Jr., *Strategy and Structure: Chapters in
　　　　the History of the American Industrial Enterprise* , MIT Press 1962)。

　[2]　保罗·大卫:《克利奥与键盘经济学》,《美国经济评论》1985 年第 75 卷第 2 期(Paul
　　　　David, *Clio and the Economics of Qwerty*, The American Economic Review, Vol.75, No.2,
　　　　1985);W·布莱恩·亚瑟:《增长的回报和经济中的路径依赖》,密歇根大学出版社
　　　　1994 年(W. Brian Arthur, *Increasing Returns and Path Dependence in the Economy*,
　　　　University of Michigan Press 1994)。

赖或者说经济上的合理性:

第一,三井的事业壮大过程,不是基于单一事业部门的内部成长,而是以江户时期的资本积累为基础,通过不断收购、兼并,实现的外部成长。作为结果,完成了资本原始累积的家族和倡导新事业的企业经营者之间,必定存在冲突。三井家族规避风险的倾向,植根于二百年的历史(过去的经历),要战胜他们的抵抗,必须打造一个新的组织架构,来平衡家族对利益的考量和企业家对利益的考量。

第二,对现代产业以及相关知识技能的储备严重不足,这也是财阀型组织形成的要因。由于缺乏必要的新知识,家族经营者只能把裁量权托付给新来的经营者。为了平衡两者的关系,需要对所有权和经营权加以分离。这样,既能满足家族规避风险的要求,也能确保外来经营者的主导权。最终,家族成员也不得不接受这种新制度的安排。

第三,明治初期出现了很多商业机会,如金融、铁道、贸易、矿业、海运、造船、纺织等。在捕捉商机方面,比资金更重要的,是人的知识和经验。就像我们在三池矿山的竞标过程中看到的那样,围绕商机,竞争十分激烈。三井一贯积极聘用大学毕业生,并对他们的知识和经验进行多重利用。在发挥他们的聪明才智的同时,也开拓了新的事业领域。三井信任他们并且充分授权,这让三井的事业得到了快速发展。

三井集团对其伞下的三井大元方以及三井银行、三井物产等没有采用事业部制,而是让它们作为独立的企业实体存在,接受股份制公司的管理。管理成本上有重复之嫌,但对三井家来说,这样做分散了风险。

这些独立运作的企业实体具有相当强的自主性。它们虽然是总公司出资设立的,但是子公司的社长在资金运作、人才培育以及企业成长目标(比如上市)中掌握了非常大的自主权,人才的经营能力可以得到最大程度的发挥。这是事业部制下的事业部不可比拟的。可以这么说,财阀,是一个在经营实践中不断进行人才培育的组织。

在子公司的社长中,涌现了不少后来统领整个三井财阀的统帅级人物。和三菱相比,三井常常被人们称为"人本的三井"。

3　三菱的创新性回应——反骨精神和关联型多种经营

创业于江户时期的三井到了明治时期,通过积极引进社外人才,逐渐发展成为多种经营事业体。与之相比,土佐的下级武士岩崎弥太郎创设的三菱,在 1870 年(明治三年)前根本不存在,也就是说,三菱是一家"新企业"。它从创立到成长为和三井齐名的日本最大规模的财阀,只用了短短十五年时间,这是非常令人惊叹的成长速度。

创业后的三菱面临的问题和三井有所不同。作为一个后来者,三菱的策略是,不去和三井、住友这些已经在银行业、纺织业、矿业等领域占据优势地位的企业开展正面较量,而是另辟蹊径,从新事业中去寻找突破口。

三菱的成长道路迂回曲折。最早进入的核心领域是海运业,以海运为中心,逐渐发展出各种互补型的产业,最后成为了一家多种经营的大企业。三菱的原动力来自岩崎弥太郎(1834—1885)这位创业者的企业家精神。

岩崎出生在土佐藩一个最下级的武士家庭,父亲是一个地下浪人。他是一位用"反骨精神"和知识理论武装起来的不屈不挠的企业家,具有敏锐的商业嗅觉。当然,作为创业者,他一个人无法开创这么多事业。三菱虽然是以血缘为纽带的企业,但弥太郎不断录用外部优秀人才,配置各处,他的人事嗅觉也极其灵敏。

反骨青年岩崎弥太郎

1834 年,三菱财阀的创始人岩崎弥太郎出生在高知县(旧土佐藩)的一个地下浪人的家庭,他是家中长子。[1] 祖上曾是地方豪族的一员,幕末时期,沦为了正规武士阶级以外的地下浪人。弥太郎为此饱受歧视、屈辱的滋味。

简单回顾一下土佐藩的历史:长曾我部氏灭了土佐本地的安芸氏,后来,德川幕府又压制了长曾我部氏,把这块土地分封给了山内家。就这样,藩内存在复杂的阶层构造:有山内属下的上士、旧曾我部氏属下的下士、乡士,再下面,是属于安芸氏旧部的地下浪人。由此,土佐的身份等级制度非常森严,上士对下士和乡士、进而地下浪人,经常任意羞辱。

由于经常无缘无故地遭受歧视,岩崎弥太郎造就了"不屈的斗志和强大的领导力",这成了岩崎弥太郎拼搏精神(原文是"动物精

---

[1] 岩崎弥太郎和三菱财阀的整体情况,参考:白柳秀湖《岩崎弥太郎传》,《伟人传全集》第 12 卷(『岩崎彌太郎傳 偉人伝全集第 12 卷』),改造社 1932 年;田中惣《岩崎弥太郎》,《日本财界人物传全集》第 2 卷(『岩崎彌太郎傳 日本财界人物全集第 2 卷』),东洋书馆 1955 年;岩崎弥太郎·岩崎弥之助传记编纂会编《岩崎弥太郎传》(『岩崎彌太郎傳』),1967 年;三岛康雄编《三菱财阀(日本财阀经营史)》(『三菱財閥(日本财閥经营史)』),日本经济新闻社 1981 年,等。

神"——译者注)的原点。[1]

照片中的岩崎弥太郎总是一副冷峻的表情,魄力十足。实际上,他是一个心思缜密、非常知性的人,十分好学。因为出身的缘故,年轻的弥太郎立志以学问立身。伯父的女婿冈本宁浦是一位儒学者,他先是在那里学习。冈本死后,他又到土佐有名的儒学家奥宫糙齐门下继续修习。奥宫决定去一趟江户,弥太郎作为随从同行。弥太郎一心向学,但他也是个非常善于抓住机遇的人。

对上京机会喜出望外的弥太郎在出发前一天,"无法遏止青春的血液的躁动",半夜爬上土佐灵山山脉的妙见山顶峰,发誓将来要出人头地。[2]

但是,充满期待的上京,结果却令人失望。对幕府体制下的权威主义,他只感到落伍和厌烦。弥太郎的价值观和前面谈到的三井物产的益田有相通之处。益田说:"幕府内部没有像样的人物。即使有,处于各种礼法规矩,也不管用吧。简直就是毫无办法。"弥太郎对曾经憧憬的江户也有类似的看法。

事情的发端,是各藩大名(藩主)的江户城晋见。按照当时的惯例,老中、若年寄、寺社奉行等每天都要去江户城,而在幕府没有职务的大名每月一号、十五号、二十八号以及在五大节日时,要前去江户城晋见将军,表达恭顺之意。到了晋见之日,各大名在手下"威武、威武"的喊声中,在一众端着兵器,扛着豪华金箔衣箱的行列的衬托下,相互

---

[1]　三岛康雄编:《三菱财阀(日本财阀经营史)》(『三菱財閥(日本財閥経営史)』),日本经济新闻社 1981 年,20 页。

[2]　白柳秀湖:《岩崎弥太郎传》,《伟人传全集》第 12 卷(『岩崎彌太郎傳　偉人伝全集第 12 卷』),改造社 1932 年,71 页。

比拼着威严,一路向江户城逶迤而去。看上去,确实犹如一道江户锦绘,豪华至极。

奥宫糙齐觉得"对于乡下孩子弥太郎来说,这是再好不过的回乡后的江户见闻报告",于是,打算带上他前去观礼。面对奥宫的好意,弥太郎却显得无动于衷。他不但对这个豪华绚烂的晋见仪式毫无兴趣,而且还对老师说了这么一番肺腑之言:

> 政府官员和大名们现如今到底在想些什么?竟然对这些毫无意义的形式主义这么上心,永远在做太平梦。这样看来,德川的天下也末日将至了吧。[1]

1854年(安政元年)是佩里的黑船来港和《日美修好条约》签订的年份,也是吉田松阴渡美失败,被押入安政大狱,弹压政治开始的年份。在故乡土佐藩,刚从美国留学回来的中滨万次郎(约翰·万次郎)讲述了他在美国以及世界的见闻。在这种形势下,对反复上演的大名登城行列,弥太郎不但丝毫感觉不到威严,反而觉得失望透顶。

弥太郎公然表达自己的看法,并不害怕。他的态度激怒了奥宫。但同时,奥宫也觉得他是一个可造之材。几个月后,奥宫回乡了,他把弥太郎托付给了江户最有名的儒学家之一安积艮齐。艮齐的其他方面姑且不论,他在江户的昌平黉[2]执教,是日本最有学问的学者之

---

[1] 白柳秀湖:《岩崎弥太郎传》,《伟人传全集》第12卷(『岩崎彌太郎傳 偉人伝全集第12卷』),改造社1932年,76页。

[2] "昌平黉"和教授洋学的开成所、教授西洋医学的医学所一样,是幕末有相当规模的教学机构。在明治维新的混乱中一度关闭,后被新政府接管,庆应四年(1868),改称官立"昌平学校"后重新开校,但最后还是关闭了。——译者注

一,被尊为"儒学第一人"。弥太郎有幸分别师从土佐最有名的儒学家和日本最有名的儒学家,这对他的修养和见识的提高无疑有很大帮助。

然而天有不测风云。弥太郎的江户修行因为父亲弥次郎的不谨慎行为和入狱,不到一年就结束了。弥次郎的酒癖以前就很糟糕,他在名主(江户时代的村长——译者注)的宴席上酩酊大醉,也不看对方是谁,恶语相激,结果遭到在场其他人的围殴。气冲冲的弥次郎不反思自己的酒癖,反而到郡奉行那里去告状,说遭到了殴打。结果对方反告,弥次郎被捕下狱。

听闻消息,弥太郎匆忙回乡。为了给父亲的冤狱昭雪,他四处奔走,但寡不敌众。最后,弥太郎自己也因为"侮辱朝廷罪"被关了起来。这次的入狱经历和对德川幕府的失望叠加在一起,改变了弥太郎的命运。历史,实在是捉摸不定的东西。

弥太郎在田野(地名)的狱中,偶然和一个擅长算术的樵夫同住一个牢房。这个樵夫不但精通算术,而且对于一攫千金的经商之道也颇有心得,看起来像个江湖人士。在交谈中,弥太郎暗自思忖:"像过去那样拘泥于习惯和虚礼末节,在身份、门第之类愚不可及的事情上角力,这种武士的生活,实在愚蠢之极。"他下定决心,将来要在商业上一展身手。[1]

弥太郎向这位樵夫学习算盘、算术,不到一个月就掌握了基本功。在狱中学到的这些知识,成为了后来三菱财阀的基础。历史总是给人

---

[1] 白柳秀湖:《岩崎弥太郎传》,《伟人传全集》第 12 卷(『岩崎彌太郎傳　偉人伝全集第 12 卷』),改造社 1932 年,88—91 页。

意想不到的惊喜。

这里有两个疑问。一是以当时的水准看,弥太郎无疑是一个有学识的人。说他之前完全没学过算术,而是在一个樵夫模样的人那里受教,从而掌握了算术,可能吗?评论家白柳引证福泽谕吉的回忆,间接证明了这件事的可靠性。福泽在自传中说,作为儒学者的父亲对于谕吉的哥哥和姐姐学习算术一事,十分不快。福泽在回忆录里是这么写的:

> 有老师在仓屋里教习字,商人的孩子也会过来。在那里教孩子们"イロハニホヘト"(日语假名——译者注)是可以的。因为是在大阪,所以老师也教孩子们九九算术表。二二得四、二三得六。这本是自然的事,父亲听闻后却生气了,说:"教这些没品的东西。竟然教年幼的孩子算账,简直岂有此理。这种地方孩子们去不得。不知会教些什么乱七八糟的东西。去把房子收回来。"于是,房子被收回了……[1]

当时的武士阶级以学习算术为耻,只有商人的孩子可以拿算盘。所以,不管儒学教养多高,他们和实务性的算术始终无缘。

这一点,在第2章大隈重信的例子里也能得到印证。大隈很讨厌只教授《叶隐》和儒学经典的佐贺的藩校,讨厌那些枯燥的、非实践性的东西。大隈说:"汉学都以空理空论为第一要务,对于培养有为的社会人才,不敷实用。不但如此,汉学反过来会把有为之人变成无用

---

[1] 福泽谕吉:《福翁自传》(『福翁自伝』),讲谈社学术文库 2010 年,12—13 页。

之人。"

这么看来,无论是大隈、益田,或是福泽谕吉、岩崎弥太郎,都对既有的权威和学问体系持批判和怀疑的态度。在旧体制变革的前夜,但凡有所成就的人,基本上都是反体制的。他们不打算在旧的框架下思考问题,只有这样做,才能进行新的要素组合也就是创新实践。

武士被从算术等实践性学问隔离出去。不但是弥太郎,士族授产企业小野田水泥的创始人笠井顺八等人的境况也一样。由此我们可以猜测,维新后他们转型为商人的道路有多艰难。面对"武士的商法"(嘲笑武士经商,终归不可能成功——译者注)这样的评价,唯一的对策就是:要转型,必须克服自身在心理上和物理上的各种障碍。

另外一个疑问是,后来成为了大富豪的弥太郎有没有重谢这位樵夫? 一般认为是没有。对这个问题,一直有两种说法,遗憾的是,真相至今不明。[1]

吉田东洋和土佐藩海运业

出狱后,弥太郎遭到土佐藩的驱逐,只得在高知的鸭田村临时住下来,靠着给村里的孩子们上课,勉强糊口。这时候,他偶遇了土佐藩的英才吉田东洋。

1816 年,东洋出生在土佐藩,父亲担任马回役[2]。东洋比弥太郎年长十八岁。东洋学业优秀,二十六岁时被提拔为船奉行,第二年擢

---

[1]　存在两种说法。一是樵夫没有来找过弥太郎,另外一种说法是弥太郎赠与了重金。"之后发生的事情,并不清楚。"参考:白柳秀湖《岩崎弥太郎传》,《伟人传全集》第 12 卷(『岩崎彌太郎傳　偉人伝全集第 12 卷』),改造社 1932 年,91 页。

[2]　马回:是大名的直属武士,平时担任各种职务,是藩政的执行者。——译者注

升为郡奉行。1849 年，东洋三十三岁。他写了一篇藩政建言，体现了他的开明思想：

> 如果不能不拘一格录用人才，用什么来鼓舞人才？如果不能简化法令，使之适应现实，怎么做到赏罚分明？如果不能量入为出、开源节流，用什么来发展机械、提升物力？如果想要陶冶人才，那就开设文馆礼堂，加以勉励。如果想要赈济灾荒，以备不时之需，那就调整地势，储备粮食，审时度势进行买卖。[1]

东洋的建言是：不拘一格录用人才；法律要简明扼要、赏罚分明；通过厉行节约来购买机械，振兴物产；储备粮食，适时地进行买卖操作；提倡开明的殖产兴业奖励——还有一点，和弥太郎的想法不谋而合，那就是推行人事刷新政策。

就在这时，有"幕末明君"之称的山内容堂被封为了土佐藩藩主。容堂看中东洋的才能，把他提拔为大目役，并很快晋升为仕置家老。这一年是缔结《日美修好条约》的 1853 年，东洋三十七岁。

东洋也有自己的毛病，那就是和弥太郎的父亲弥次郎一样，容易酒后乱性。1854 年，他随藩主上京，安排了容堂和水户学的大家藤田东湖的会面，工作出色。但在江户的宴席上，东洋竟然当着容堂的面动手殴打容堂的亲戚、担任旗本的松下嘉兵卫。事情闹大了以后，东洋被勒令即刻回乡反省，不得外出。

[1]　田中惣:《岩崎弥太郎》,《日本财界人物传全集》第 2 卷(『岩崎彌太郎　日本财界人物傳全集第 2 卷』),东洋书馆 1955 年,27 页。

　　秀才东洋尽管是个优秀的思想家,但是容易气短,行事旁若无人,结果做出了失态之举。虽说被勒令回乡反省,东洋却自作主张,在长滨村开设了一个名叫"少林塾"的私塾,指导后进晚辈。他的门徒之中,有后来在大政奉还中担当大任的后藤象二郎、福冈孝弟、福冈清马、市原八左卫门等土佐的英才。

　　长滨村距离弥太郎隐居的鸭田村只有三公里。弥太郎一直仰慕东洋的开明思想,决心主动接近东洋。也许因为当时双方都受到反省的处罚,弥太郎才有了跨越身份去接近东洋的勇气。我这么说,可能有人觉得夸张,但实情如此:藩的精英吉田东洋和地下浪人岩崎弥太郎之间的身份之别,超乎一般人的想象。弥太郎必须做好碰壁的准备。不过,事情的发展却很顺利:东洋欣赏弥太郎身上的才气,不管他地下浪人的身份,收入了门下。

　　东洋的备忘录里只记录了弥太郎这个名,却没有姓。这可能是因为弥太郎当时还没有购买"岩崎"这个姓的缘故[1]。不可否认的是,备忘录里存在很多有意无意的歧视性标记。[2]

　　山内容堂经历了安政的大狱,回乡隐居。藩中不少人提出,应该让东洋复出。于是,在经历了五年的雌伏之后,1859 年(安政六年),东洋再次被任命为仕置家老,负责幕末的藩政改革。

---

[1]　江户时代,只有武士阶级才有名有姓。作为地下浪人的弥太郎,当时应该没有姓氏。后来,他从别的武士那里购买了"岩崎"这个姓。——译者注

[2]　田中引证东洋《参政录存》(『参政録存』)里的记述"19 日下雨,派遣弘田亮太、弥太郎前往长崎"后认为:"弥太郎身份低微,因此称呼里只有名、没有姓。推荐他担任'乡回'一职,派驻长崎,乃东洋的好意。"参考:田中惣《岩崎弥太郎》,《日本财界人物传全集》第 2 卷(『岩崎彌太郎傳　日本財界人物傳全集第 2 卷』),东洋书馆 1955 年,85 页。

他在刷新人事的同时,致力于改善财政,对殖产兴业特别热心。他推荐弥太郎在藩内任职。弥太郎从其他下级武士那里购买"岩崎"这个姓,大概就在这个时候。

1859 年,弥太郎被推荐为乡回,并且幸运地被派往长崎任职。长崎是当时日本最大的贸易港,是日本和西洋的接触点。在那里,弥太郎见识了各种最新的技术和贸易情况,也接触到了现代化进程中非常重要的海运业。

后藤象二郎是幕末和明治时期相当活跃的土佐藩志士,他是东洋的外甥。作为东洋的得力干将,后藤负责藩的海运和贸易事务。弥太郎得到后藤的信任,很快崭露了头角。

和同是土佐藩出身的坂本龙马不同,弥太郎从未出现在明治维新的政治舞台上。1867 年,后藤成立了土佐藩的商务机构"土佐开成馆",弥太郎被任命为主任,在长崎全权负责土佐藩的贸易和海运事务。土佐开成馆长崎商会的最高负责人是后藤,但是后藤忙于大政奉还的政治运动,实际上的负责人是弥太郎。

弥太郎全面掌控土佐的贸易后,他和以英国的哥拉巴商会为首的各国贸易商开展了汽船、帆船、炮舰大炮、步枪、火药等交易,颇具规模。除了土佐,商会还代理了其他藩的贸易协商事宜,由此,弥太郎积累了大量商业经验。明治维新以后,长崎商馆被关闭,弥太郎被提拔为大阪开成馆副干事,这时的他,俨然已经是代表土佐藩的经济官僚了。[1]

---

[1] "因为没有其他有能的经济官僚",弥太郎掌管了土佐藩的贸易。参考:三岛康雄编《三菱财阀(日本财阀经营史)》(『三菱財閥(日本財閥経営史)』),日本经济新闻社 1981 年,22 页。

另一方面,弥太郎积极地和木户孝允、伊藤博文、五代友厚等政治家和商人结交,锻炼了能力,也扩展了人脉。

1870 年(明治三年),弥太郎上京,和忙于大政奉还的后藤象二郎、板垣退助等会谈,商量大阪开成馆的私营化问题。这是因为新政府发布了藩营商社的废止命令,大阪开成馆将于年内脱离和土佐藩的关系,成为一家民营企业。土佐开成馆将改名为九十九商会,同时接收藩原有的船舶,重新创业。当时,弥太郎任土佐藩大阪藩邸的负责人,除了他,没有其他人可以胜任商社的经营,他顺理成章地成了九十九商会的实际经营者。

九十九商会利用原先藩属的三艘船,开辟了大阪—东京、神户—高知间的海运业务。1871 年废藩置县,土佐改名高知县。弥太郎以四万两的价格买下两艘藩船,开设了新的神户—博多航线,大阪、神户、博多各地的物产交易规模由此大增。就这样,以海运业为中心,三菱财阀的雏形形成了。

幕末大变革时期,出现了很多时代弄潮儿。弥太郎出生在土佐这个封建等级制度特别森严的藩里,他原本希望用学问来弥补出身的不足。在修学过程中,他对"武家社会(幕藩体制)"下装点门面的学问失去了兴趣,转而投身商务。直接的契机是在狱中偶遇一位樵夫,得到他的算术指导。后来,他得到藩里的提拔和重用,在长崎负责国际贸易,能力得到了锻炼。

有些人无法顺应时代变化,跌得鼻青脸肿;有些人巧妙地抓住了机会,开展了创新性回应——岩崎弥太郎就是这样一位创新者和企业家。

国际竞争、士族之乱、政商

明治初期,国外的海运会社已经开通了和日本之间的定期航线。日本附近的线路正在被蚕食。

英国的 P&O 汽船公司,1859 年和 1867 年分别开通了长崎—上海间、横滨—上海—香港间的定期航线。法国的梅萨久里·安普里尔海运公司也于同年开始了横滨—上海航线的运营。美国的太平洋邮政于 1865 年开通了旧金山—上海—横滨间的定期航线,接着又开通了横滨—神户、长崎—上海航线。

海上大型运输对日本的独立、对现代化和工业化,都是不可或缺的前提条件。明治政府也把扩大海运(利用蒸汽船)看成当务之急。1870 年(明治三年),通商司设立了官营的回漕会社,但因缺乏海运方面的管理经验,开业仅十个月就陷入了困境,不得不停业。

1871 年,明治政府利用各藩的藩船,以三井、小野组(企业集团)的资本为核心,设立了日本邮政蒸汽船会社。为支持该公司,政府提供了相当于十艘船价值的二万五千元无息贷款,贷款可分十五年偿付,政策十分优厚。

对于这种过度保护政策,最生气的莫过于岩崎弥太郎。起初,几乎在所有方面都处于劣势的弥太郎提出了"顾客第一"的经营方针,积极迎战,逐步形成了自己的竞争优势。[1]

给困境中的弥太郎带来转机的,是明治政府的派兵业务。通过这项合作,弥太郎密切了和政府的关系。在前面第 2 章中我们说过,明

---

[1] 三岛康雄编:《三菱财阀(日本财阀经营史)》(『三菱財閥(日本財閥経営史)』),日本经济新闻社 1981 年,24—26 页。

治政府是以下级武士为主体的倒幕政权,同时又是必须打倒武士阶层的反封建政权。由于财政状况恶化,新政府不断对旧士族层施加压力,那些曾经为倒幕出力,现在却被逐渐疏远的士族(特别是下级武士)深感不满。这种不满的表现是"士族反叛"。

1874 年(明治七年),江藤新平率领三千名武士,发动了"佐贺之乱"。对还没有摆脱殖民地危机的明治政府而言,叛乱是必须马上肃清的内忧。

为了紧急派兵前往佐贺,新政府向迄今为止一直提供政策支援的日本邮政蒸汽船公司提出了合作要求,没想到碰了壁,对方的态度十分消极。内务卿大久保利通义愤填膺,只得向三菱提出征用商船的要求。之后,叛乱被迅速平息,弥太郎开始时来运转。

受佐贺之乱的刺激,政府希望不满士族的枪口可以朝外。同年,决定向中国台湾派兵三千人。这次,政府出借了十三艘船只给三菱商会,要求其负责兵员运输。在派兵结束后,三菱得到许可,可以继续使用这些船只。这样,三菱的优势形成了,一举击败了享受政策优待的日本邮政蒸汽船公司——后者不得不解散重组。

大藏卿大隈重信一直担心外国公司趁机扩大地盘。他指令三菱开设横滨—上海间的国际定期航线。在与外国公司的竞争中,弥太郎身上的爱国心和斗争心被激发了出来。首先,他和美国太平洋邮政开展了运费竞争,导致后者的横滨—上海航线被迫停运。随后,弥太郎用从政府借得的八十五万元,买下了美国公司的四艘船及其港湾设施。

1876 年(明治九年)2 月,英国 P&O 汽船公司和大阪的批发商协会合作,开设了上海—横滨间以及东京—阪神间的航线,试图攻占三菱的根据地。弥太郎以民族主义和国家利益为靠山,展开对抗。他带头减掉自己的一半工资,手下爱将石川七财、川田小一郎的工资也减为三分之二。弥太郎决心以价格竞争迎战。

以上这些,都体现了弥太郎勇猛的一面,与此同时,他从政府那里拿到了货汇金融许可(后述),这是他战略性的一面。也就是说,从此,三菱不只从事货物运输,还进入了汇兑这一金融服务领域。同年八月,P&O 被迫从这些线路撤退。弥太郎身上有一种永不言败的精神气概,看准目标后,绝不空手而归。

1877 年爆发的西南战争给三菱带来巨大利益。如前所述,维新政府在现代化进程中,对曾经的维新功臣——下级武士日渐冷淡。西乡隆盛站在失意的下级武士一边。西乡隆盛和大久保利通是少年时期的朋友,但在西乡隆盛看来,大久保推行的官僚政治过了火。无奈之下,西乡于 1877 年(明治十年)在西南地区举兵,史称"西南战争"。

这是迄今为止明治政权面临的最大危机。为尽快平息内乱,明治政府投入了大量资源。西南战争中使用的军费达到 4 200 万,而当时的税收只有 4 800 万,也就是说,几乎倾囊而出。有人说,其中的三成约 1 500 万,被三菱拿到了。这种说法过于夸张,实际上支付给三菱的费用约是 340 万,其中,纯利 140 万。[1]

三菱倾尽全力协助政府运输兵员和军备。同时,为了维持民间货运和客运,三菱从政府借款 71 万美元,购入外国船只七艘,用来维持民间业务。西南战争结束后,三菱坐稳了国内海运业的第一把交椅。

---

[1] 田中惣:《岩崎弥太郎》,《日本财界人物传全集》第 2 卷(『岩崎彌太郎傳　日本财界人物傳全集第 2 卷』),东洋书馆 1955 年,179—185 页。

岩崎弥太郎的人力资源投资

三菱的创业,巧妙地利用了土佐藩和军方提供的无偿或长期低息贷款,以及对船只的使用权,从而实现了低价格竞争优势。三菱的成立,基本上没有初期投资,因此,和其他必须自筹资金购买船只的企业相比,具有得天独厚的低价优势。

弥太郎没有满足于便宜到手的这种竞争力。他和三井的三野村、益田一样,积极录用大学毕业生,培育事业发展必需的经营人才。

通过向中国台湾派兵,明治政府意识到船舶航行技术的重要性。作为把船舶转让给三菱的条件,新政府要求三菱设立船员养成学校。1875 年 11 月,三菱在隅田川河口的灵岸岛上设立了三菱商船学校。

当时,三菱自己就聘用了很多外国船员,三菱的十五艘船总共雇用了 106 名外国船员。三菱商船学校聘请大学南校(现在的东京大学)的教官中村六三郎担任校长,中川曾在幕府的海军传习所任教。1882 年(明治十五年),三菱商船学校由官立东京商船学校代管。在此之前,三菱商船学校已经为明治初期的航运业培养了大批人才。1888 年,东京商船学校从三菱正式独立,成为了日本的海运人才培养基地。[1]

为了学习先进技术,弥太郎派出许多技术人员前往英国、美国留学。1882 年,弥太郎把比自己年幼十七岁的弟弟弥之助也派往了纽约,学习了一年半。后来,弥之助又把儿子小弥太送去剑桥大学留学。

弥太郎一方面从庆应义塾、东京职工学校(现在的东京工业大

---

[1]　东京商船学校的设立,参考: 东京商船大学 85 周年纪念会编纂委员会编《东京商船大学 90 年史》(『東京商船大学 90 年史』),1966 年。

学)、工部大学校等大量招聘人员,另一方面,为了培育人才,他亲自设立了两个学校。一是前面介绍过的三菱商船学校(1875 年创设),二是 1878 年设立的现代商学院——三菱商业学校。

弥太郎一方面切实地感到事业机会越来越多,另一方面又痛感能够理解事业环境、推动事业发展的管理人才严重不足,他决心进行内部人才培养。这也是本业之外又和本业相关的多种经营的一例。经福泽谕吉推荐,弥太郎亲自去庆应义塾教授森下岩楠的家中拜访。他说:"日本还没有对实业有直接帮助的学校。企业需要的人才必须自己来培养。这件事,我想拜托您来做。"

就这样,三菱商业学校成立了。校长森下执笔写下办学宗旨,目标非常高远:该校每年招收 100 名以上的学生。五年时间内,除了学习英语和日语,还要学习地理、历史、数学、经济等英语授课的教养课程,以及商法、金融、保险、簿记等实践性课程。正式就业前,还要经过一年的实习。弥太郎的长子岩崎久弥也是该校的毕业生。

要招收优秀学生,先要有优秀的教师。弥太郎从庆应义塾招到一批师资。在推进高度化的商业课程教学的同时,三菱大力录用优秀毕业生。毕业生可以在与三菱的本业相关的周边领域寻找商机,开展多种经营的尝试。人才培养和使用实现了良性循环。弥太郎仰慕福泽谕吉,视三菱商业学校为义塾的分校,对学校的资金投入,从不吝啬。

但是,1884 年,三菱商业学校还是关闭了。原因有二:一是从庆应义塾转到商业学校的教师马场辰猪、大石正已等受自由民权运动的感召,用商业学校的校舍擅自开设了夜校"明治义塾"。商业学校成为了旧土佐藩制宪和开国会派的"梁山泊"。自然,以萨长为中心的明治政府对发生在三菱商业学校的这些事情感觉不快,和现政府关系密切的弥太郎也不赞成。从个性上说,弥太郎讨厌过激的政治运动。

另外一个原因后面还会讲到,当时,三菱和共同运输公司的价格战正酣,还不是能专心致志从事长期规划的时期。结果,作为理想主义产物的三菱商业学校在运营六年后关闭了。

19 世纪 80 年代,外国船运公司对日本市场的渗透加剧,三井等从事多种经营的其他财阀也不甘寂寞,计划加入海运业,价格竞争越来越严酷。同时,三菱的寡头垄断局面以及和立宪改进党的亲密关系,也招致了政界内部反三菱势力的高涨。

1883 年,明治时期最著名的企业家之一涩泽荣一和三井合作,设立了共同运输公司,挑战三菱的垄断地位。两大公司间激烈的价格竞争持续了两年有余,两家的财政状况都陷入困境。

结果,明治政府介入调停,提议两家合并,组建新公司。就这样,1885 年,日本邮政株式会社成立,岩崎弥太郎的长子岩崎久弥成为了最大股东。进行价格战的时候,三菱对共同运输可以说是略胜一筹。合并后,看起来三菱失去了自己的海运公司,实际上,在新公司的运营中,三菱掌握了主导权。

激烈的商战正酣的时候,弥太郎不幸罹患胃癌去世,享年五十一岁。

特定行业的尝试和学习

19 世纪 70 年代中期开始,弥太郎开始发展与海运相关的周边事业。他的多种经营路线的宗旨是:选择与本业海运有互补关系的其他领域,把它们培育成独立的事业体,也就是在本社以外发展关联子公司。这一路线看起来很合理,但刚开始的时候,并没有明确的战略构思。

　　弥太郎关于多种经营的尝试,是从某些领域的摸索开始的。创业初期,弥太郎在高知从事樟脑生产和制丝业。这些原本是土佐藩出售的官产。他还介入了小规模的制茶业和烧炭业。1873 年(明治六年),弥太郎从松山藩的藩主那里以一万元的价格买下了三菱最早的金属矿山吉冈铜矿。它成了早期三菱的一个很大的资金池,带来了相当可观的现金收入。但这些并不是有意识、有计划的行动。

　　1880 年,弥太郎参股有限会社贸易商会,1881 年出资加入明治生命保险会社和日本铁道会社。弥太郎还全额出资,恢复了给东京一带供水的千川水道会社。这些都和海运事业无关,留在三菱财阀核心业务里的,最后只有明治生命。可以看出,弥太郎早期的多种经营的尝试是试验性、趣味性的,很多来自朋友的推荐。

　　改变这一"非关联型多种经营"格局的,是明治十四年的政斗。

明治十四年的政斗和关联型多种经营

　　1878 年,大久保利通被暗杀。1881 年(明治十四年),政府内部出现了很大的分裂。要求开设国会的民权运动高涨,围绕北海道开拓使厅的官有物出售事件引发了对萨长藩阀政治的反感,同时,对无法实现财政健全化的大隈财政的不满也在堆积。伊藤博文和井上馨对开设国会持保守态度,他们这一派驱逐了要求尽早开设国会的大隈重信,同时,也从政府内部排除了被认为是自由思想司令塔的福泽谕吉以及庆应派的影响。

　　政斗是个复杂的政治过程,讨论这个问题需要另外写一篇长文。这里我们省去具体经过。对弥太郎来说,重要的是,他精心构筑起来的和政府的紧密关系,特别是对大隈重信和福泽谕吉的支持,反倒成了事业的障碍。

在困扰中,弥太郎意识到,在商业活动中利用政治力量固然重要,但也伴随着巨大的风险。这之后,他把"不参与政治"列为三菱的基本方针。[1]　在公司事业的拓展方面,他对多种经营的领域进行了限定——限定为和本业相关的领域,强调产业的集中化。

打造关联型多种经营的第一步,是煤炭事业的后方统合。海运业的主要燃料是煤炭,要提高海运业的竞争力,必须确保煤炭能够低价、稳定供应。1881 年 4 月,弥太郎开始在和歌山开采煤矿。由于和歌山的煤炭产量不能满足规模不断扩大的三菱海运的需要,弥太郎还需要从长崎的高岛煤矿采购原煤。

高岛煤矿是佐贺藩和托马斯·哥拉巴共同出资开采的矿山。后藤象二郎从佐贺藩接手了矿山后,经营状况并不好。1881 年,福泽谕吉实在看不下去后藤借钱度日的样子,就介绍了弥太郎来接手矿山。弥太郎也开始为收购做准备。

但是,后藤隐藏了经营中的一些问题,谈判陷入僵局。当初说好的 60 万左右的收购价涨到了 97 万,弥太郎决定放弃,最后说服弥太郎完成收购的是他的弟弟、副社长弥之助。

岩崎弥之助(1851—1908)比弥太郎小整整十七岁,他在土佐的藩校到道馆学习,成绩优秀,获得藩的奖学金(藩费生),是一名优等生。弥太郎看中弥之助的潜力,1872 年(明治五年),他把当时只有二十一岁的弥之助送去美国留学。为进大学做准备,弥之助先进了一家高中

---

[1]　三岛康雄编:《三菱财阀(日本财阀经营史)》(『三菱財閥(日本財閥経営史)』),日本经济新闻社 1981 年,27 页。

学习。因父亲弥次郎突然去世,以及兄长弥太郎的恳请,弥之助于第二年 11 月回国,进入刚刚成立的三菱商会任职。

"弥之助帮助充满豪气但有时容易突进的弥太郎完善了各种商业细节,他推进了三菱的现代化。"[1] 比如,他不顾兄长的反对,坚持购入高岛煤矿。这不是因为后藤的长女是他的太太,而是因为高岛煤矿对于三菱来说,意味着稳定的燃料供应。从推定埋藏量看,除满足三菱的需求外,还可以出口一部分。他的预测是准确的。三菱把多余的产能通过自家的船只出口到上海、香港、新加坡,不仅提高了作为本业的海运业的竞争力,海运和煤炭之间还发挥了很强的乘数效应。

另外,海运业不可缺少的是船舶修缮设施。在自己的主港横滨,三菱并没有修缮设施,三菱商会的船舶修理必须在上海或者伦敦进行。为节约开支,1875 年,弥太郎和上海的博伊德公司合作,共同出资设立了三菱制铁会社(实际上并不生产钢铁,英文标记是:engine works,即发动机制造厂),除了船舶修理,还从事零部件生产。1879 年,三菱全额收购了博伊德公司的股份,三菱制铁会社成为了三菱的全资子公司。这也属于海运业的后方统合。

既然想开展海运业的关联型多种经营,弥太郎自然也调查了介入造船业的可能性。1863 年,德川幕府在长崎建设了制造战舰的设施。1868 年(明治元年),明治政府接手后,从英国引进最新技术,长崎造船局成为了日本造船业最重要的据点。

受松方紧缩财政的影响,政府打算把海运业的中心从长崎转移到

---

[1] 三岛康雄编:《三菱财阀(日本财阀经营史)》(『三菱財閥(日本財閥経営史)』),日本经济新闻社 1981 年,33 页。

大阪和神户。于是,决定出售长崎造船局。1884 年 6 月,三菱和共同运输会社的价格战正酣。对三菱来说,长崎造船局志在必得。通过一番努力,三菱成功中标。负责经营长崎造船局的是弥之助和庄田平五郎——庄田是弥太郎于 1875 年从庆应义塾聘用的人才,在此之前,他一直在庆应义塾执教。

关于庄田,我们也作个简单介绍。庄田 1847 年出生在臼杵藩(现在的大分县)。幕末,经过选拔,他被选中去学英语,是一位秀才。维新后,二十三岁的庄田进入庆应义塾学习,才四个月,他的才能就受到福泽谕吉的关注和赏识,获得了教师待遇。在明治初期,较之三井,福泽谕吉(庆应义塾)更尊重三菱的岩崎,为三菱提供了非常多的人才。

为改良长崎造船局的设备,庄田进行了大量投资。同时,采用了现代经营中的原价计算法。他从庆应义塾、东京职工学校(现在的东京工业大学)以及东京帝国大学(现在的东京大学)录用了很多毕业生。他们和官营长崎造船局时代的技师们一起,共同把长崎造船局打造成为了当时日本最强的造船所。

岩崎弥太郎的脚步永不停息。煤矿和造船业之外,他开始摸索金融业。三菱商会和各外国海运会社开展了激烈的竞争,其中最大的对手是英国 P&O 公司。P&O 公司的优势在于可以提供货汇票据保证等金融服务,和大阪批发业协会的运输合同也是以这一服务为依托的。

为了和 P&O 公司对抗,弥太郎想方设法从政府那里获得了货汇金融的许可证。1876 年 3 月,首先在东京—大阪间开展了这项服务。1879 年,在日本全国铺开。这样,三菱的事业延伸到了金融领域。1880 年,弥太郎设立了后来的三菱银行的前身——三菱汇兑店。金融业成为了三菱的核心产业。1882 年,三菱又进入另外一个海运业的重要关联行业——仓储业。

接下去应该扩张的服务,理论上说,应该是海上保险。但是在这个领域,涩泽荣一从旧大名层以及公家那里集资,早在 1878 年就设立了东京海上保险。政府没有发给三菱新的许可。涩泽考虑到三菱是最大的客户,邀请三菱参与持股。弥太郎决定出全部资本金的三分之一。弥太郎的出资计划使得东京海上保险的声誉猛涨,引来了众多资本加盟。最终,弥太郎出资 1.1 万元,占比 13.3%,成为了最大股东。但是华族占比 50.8%,这一结构维持了下来。

岩崎弥之助的"从海洋到陆地"战略

1885 年,与共同运输公司的竞争还未分出胜负,弥太郎却因为胃癌倒下了,抱憾去世。弥太郎留下的遗言是:"岩崎家自古尊尚嫡统。久弥继承岩崎家嫡统,弥之助辅佐之,并辅佐小早川隆景的毛利辉元。"由于久弥尚幼,副社长弥之助接任了社长之职。弥之助时代的三菱有了更大的发展。

弥之助继承了弥太郎的基本方针,但他提出了"从海洋到陆地"的新口号。这个口号表明了弥之助的新战略意图:以三菱的多种经营为基轴,从海运业走向工业。

弥之助的第一项工作是长崎造船局的现代化。1884 年,在弥太郎的强烈主张下,三菱购得了长崎造船局。在对长崎造船所进行技术改造后,弥之助开始大胆地把三菱商会的事业重心从海运转向了以造船和高岛煤矿为主的矿业和工业。

1887 年(明治二十年),为高岛煤矿定制的货客两用船"夕颜丸"经三菱之手完成。明治政府决定把长崎的资产和设备全部转售给三菱。1893 年,公司改名为三菱合资公司三菱造船所。造船成为了三菱的核心业务。

4　财阀这一创新性回应

1853 年,经历了二百年以上的锁国后,日本开国了。为了在"19世纪的殖民主义世界"里立足,明治政府提出了"富国强兵"的口号,全力推动殖产兴业和强军战略。为了赶超西方,日本必须尽快实现工业化,确保强大的军事实力。

但是,日本缺乏必要的产业基础和社会基础。科学技术也远落后于发达国家。在这个过程中,日本诞生了财阀。财阀依托与政府的关系,抓住时代赋予的商机,发展成为了多种经营的巨大的事业体。我们概述了明治时期代表性的财阀——三井和三菱,介绍了它们在时代巨变中的应对。

三井是诞生于江户时代的大店,三菱是土佐的下级武士在明治时期创办的新兴企业。无论是政府对它们的信任程度,或是资本的原始积累,三井和三菱都有很大不同。但是,维新以后,两社的行为模式出现了很多相似点。

首先是构筑"和政府的密切联系"。维新初期,金融系统不发达,新政府为了弥补现有金融体系的不足,利用了三井的财力和市场信用。三井也顺势抓住发展契机,为设立三井银行做好铺垫。另外,和政府高官井上馨的强大的关系网,是三井拓展三井物产等多种事业体的基础。

三菱和政府的关系,可以追溯到土佐藩时代。官用船只的借用或者购入是三菱创业的源头。三菱在士族叛乱、西南之役中对政府的贡献,成为后来事业飞跃的契机。

读完本章,读者诸君应该明白,在两公司的发展中,和政府的强大关系以及"政商"属性(利益和权力的勾连)并不是财阀的本质。当然,不是说和政府的关系没有意义。我们想强调的是,政府不是两家公司发展成巨大的多种经营事业体(也就是财阀——译者注)的最关键要素。

明治维新是封建制向现代国家转型的变革期,当然会有各种商机,比如,现代国家必需的金融系统、道路、海运、铁道等运输系统的建设,获取外汇和原材料所需的贸易,和殖产兴业有关的各种产业创新等,类型多种多样。这些商机并不只赋予特定的阶层和企业家。在体制变动期,人人都有机会。

初期的政府缺乏资本积累,科学技术和知识匮乏,也缺少现代化所需之人才。所以,不可能什么都指望政府来解决。封建体制下民间积累的经营资源,或者变动期抬头的新兴势力,都成了政府可资利用的对象。

在"人、物、资本、信息"这些经营资源中,什么最重要? 其实,在一个变革时期,"资本"的地位相对较低。因为资本虽然是现代化必需之物,但它没有时代属性,也没有和某个主体的特殊粘连性——资本可以在任何阶层中积累,任何阶层也都可以去获取资本。幕末时期,那些被称为豪商的富裕商人们如果不能解读明治维新的现代内涵,也会被时代抛弃。

另一方面,代表人才、能力的"人"、代表技术、设备的"物",以及代表各种先进知识的"信息",不是任何人在任何地方都可以获得的。

要获取这些,需要创新性回应能力。身处变革期,创新性回应能力是比金钱、比其他任何东西都宝贵的。

从这个意义上说,三井和三菱的相似点,与其说是"和政府的密切关系",不如说是在人才录用和新知识获取上的创新性回应能力。就三井来说,为了应对时代变化,放下了老店的傲气,聘请外部人才三野村利左卫门,在艰难时期,把经营决策权委托给他,这是一种超常的回应能力。

三野村也不是一个唯唯诺诺地听从三井家族指挥的人。为了规避风险,他大幅减少了三井家族的公司经营权限,同时开拓了金融、商社等新的事业领域,显示了他的创新能力。当自己的知识和经验不足以应对一个更新的时代时,他毫不犹豫地给三井注入新生力量。益田孝、中山川彦次郎以及团琢磨等,就是这样的新鲜血液。

就三菱来讲,当新时代出现供求矛盾时,岩崎弥太郎敏锐地进行了回应。他的拼搏精神(原文是"动物精神")是三菱事业的原点。在这里,三菱和政府的关系也不是三菱成功的最大原因。

在国际海运业的民族资本培育上,明治政府的态度很鲜明,但这一点并不只针对弥太郎。但弥太郎能敏锐地捕捉到这个信息并迅速地作出反应。他针对欧美海运公司的竞争战略中,既有勇猛进取的一面,也有巧妙周旋的一面,最后成功地击败了对手。这不是依靠政府的力量完成的,而是靠了弥太郎自身的创新性回应。

同样,在士族叛乱发生时,日本邮政蒸汽船公司龟缩不前,弥太郎毫不犹豫地承担下运兵的任务,觅得日后发展的契机。这也是一种创新性回应。再有,经历了明治十四年的政斗后,弥太郎感到和政府的关系有很大的副作用,于是提出了"不参与政治"的原则,作为三菱今后的方针。也就是说,在和政府保持一定距离的情况下来发展三菱的本业及关联事业。

同时,弥太郎意识到发展关联事业需要新知识,从而加大了人才培育的力度。弟弟弥之助被派往美国留学,同时,三菱也从庆应义塾录用了大量毕业生,这些都是人才投资。

观察两大财阀开展的多种经营实践,我们发现,相较于资金,他们更看重人才、知识的多重运用。在阿尔弗莱德·钱德拉、狄斯·彭罗斯的经典作品中,企业成长的本质就是对所积累的经营资源进行多重利用。

企业成长了,就会累积资本,经营者和员工们也会积累经验和知识。一家企业能成功地抓住现代化进程中的机遇,开展多种经营,靠的不是资金实力,而是人才和智力。通过后者,来捕捉商机,实现经营资源的整合。[1]

也就是说,让两大财阀实现跳跃式发展的,是他们的创新性回应能力。为此,现代商业所需要的人才投资十分重要。财阀出现在明治这一日本现代化的初期阶段,它是一种组织创新,但它不是日本特有的现象。韩国的财阀、中国和俄罗斯的企业集团等,这些在变革期崭露头角、开展多种经营的事业体背后,都有着具有创新性回应能力的企业家。这一点不能忘记。

---

[1] 米川新一:《二战前日本企业中的大学毕业生》,《商业历史》1984 年第 26 卷(Shinichi Yonekawa, *University Graduares in Japanese Enterprises before the Second World War*, *Business History*, No.26, 1984)。

终章

近代日本"创新性回应"的回顾

イノベーターたち
の日本史

近代日本开展了一系列创新性回应。我们一起回顾了这段历程，大家有收获吗？

应该说，日本大地上发生的一波又一波创新性回应，着实令人印象深刻。这个过程，不是由一些枯燥乏味的名词组成的，比如"幕末""明治""下级武士""志士""财阀""科学家"等，而是一张张看得见、摸得着的面孔，是一组人物群像——他们是：高岛秋帆、大隈重信、笠井顺八、三野村利左卫门、岩崎弥太郎等。

第 1 章《近代的觉醒和高岛秋帆》，重点讲述了高岛秋帆这位似乎被时间淡忘了的男儿的事迹。没有他开明性、实践性的知识，以及以舍身的觉悟去阻止日本和列强开战，日本的近代史恐怕要改写了吧。

关于领导力的传统理论，为了烘托舍身主义的英雄气概，一般强调当断则断、全面对抗。对于那些激进的幕末志士来说，高岛提出的"对列强察言观色，渐进开国；摸索和平通商之路"的进言，无疑是投降主义的典型。

如果日本在这种血气方刚之下和列强开战，等待日本的命运将会是什么呢？守护国家，靠的不是匹夫之勇，而是全面搜集世界情报并加以分析的"情报敏感性"，以及用这些情报重新构建起来的世界观。

幕末日本有高岛这样的企业家型的战略家，日本才避免了殖民化危机。

第 2 章《维新官僚的创新性回应》,讲述了那些举着"尊王攘夷"的旗号夺取政权的年轻志士的转型历程——到了维新时期,他们成长为担负重责的国家官僚。推动力在于,他们必须和列强面对面交涉各种外交课题。破坏容易,但如果没有创造,只会造成无政府状态。创新的道路,是由对外的责任唤醒的。

佐贺藩藩士大隈重信在倒幕运动中并无出色表现,他一跃成为维新政权的核心人物,起因是基督教这一麻烦的外交问题。对长崎"地下隐身基督徒"的镇压引发了欧美各国的震怒。在这种风口浪尖上,大隈站到了外交第一线,这是大隈从志士变身官僚的契机。围绕宗教的对立现在依然存在,即所谓"文明的冲突"。大隈用自己的"三段论"成功地反击了英国公使帕库斯,也让自己跻身新政权的中枢。

和横滨外国商人的交涉,强化了大隈对独立国家的认知和责任感:没有健全的国家财政,就没有日本作为独立国家的信誉。幕末货币改恶、藩札·太政官札滥发造成外国商人对日本通货的极度不信任。大隈领悟到,没有根本性的财政改革,日本不可能建立起国际信誉。想要构建具有可信赖的对外关系,国家财政体制是关键。

大隈亲自推动了自己的出身母体——士族的解体。这与其说是出于内政原因,不如说是为了确立国家的对外信用(士族不解体,对国家财政的压迫就会日趋恶化,货币的信用就无法确立——译者注)。无信,则不立。眼下的日本,正在放弃应有的财政纪律,真希望现在的官僚和政治家能认真学习这段历史。

　　第 3 章《明治政府的创新性回应》,是本书的重点。我们讨论了发生在政府和民间这两个层次上的"双重创新性回应"。没有严格的财政纪律,不可能实现真正的国家独立,领悟到这一点的大隈们决意解散他们的出身母体——士族阶级。为此,新政府发行了附带利息的公债,来买断士族的封建身份,这是一个非常有创意的政策设计,即"秩禄处分"。

　　重要的是,这一波创新性回应没有止于"秩禄处分"。以公债为担保,出现了一批参与殖产兴业的旧士族阶层人士。他们化身为企业家,开始进行二次创新。

　　第 4 章《士族们的创新性回应》,介绍了典型事例——长州藩下级士族笠井顺八和他的小野田水泥制造会社。笠井募集同藩的下级士族,以公债为担保,贷款设立株式会社。他的水泥事业对缩减日本贸易逆差起到了积极作用。

　　笠井的创业热情背后,还有另外一个原因。明治以后,士族阶层突然之间成了徒食无用之辈,由此产生了强烈的屈辱感。明治政府用公债置换他们的封建身份和特权,他们想到把公债转化为资本、推进日本的工业化,同时,这也可以证明自身的存在价值。

　　士族阶层既是明治维新的推动者,也是新政府要推翻的封建势力的一部分。在这样的夹缝里,他们走出了一条新路,那就是成为推动明治现代化的企业家。从封建制的打倒,到现代性的诞生,这一过程是在官民合作下完成的。这样的创新事例实不多见。

　　第 5 章《作为创新性回应的财阀》,从组织创新的角度回顾了三井和三菱这两大财阀的创业史,并对"财阀"这一概念进行了再定义。斯坦福大学的罗伯特·萨顿教授把"换个视角来看待司空见惯的东西",

称为"Vu jade"（重塑）[1]，这个词的含义和"既视感"（déjà-vu）[2]相似（字母排列倒置——译者注）。本章就是一个对财阀概念进行重塑的过程。

三井和三菱都被称为财阀，但两家的历史和资金积累过程完全不同。三井诞生于江户时代，是幕府的"御用"大店；而三菱由土佐的地下浪人岩崎弥太郎一人创立，从海运事业起家。两家企业对商业机会的捕捉战略也不同。三井采用的是非关联型多种经营模式，而三菱实施的是关联型多种经营战略。

但是，在事业壮大的过程中，两家表现出了惊人的相似之处。首先，为了捕捉变革期的多种事业机会，两家都打造了多种经营事业体，也就是财阀组织。同时，为了实现多种经营，两家都关注到当时最稀缺的资源——人才，都积极录用人才并对其能力进行多重利用。在人才录用、人才投资、人才积累上，两家都不遗余力。

从路径依赖的角度看，江户时代的老铺三井有着强烈的惯性。如果一直只任用内部人才，三井不可能在幕末以及明治维新的混乱期生存下来。放下"大店三井"的傲气，录用外部人才三野村利左卫门，进行充分授权，三井的这一系列举动十分亮眼。

至于三菱，不少人称颂弥太郎的"拼搏精神"（原文"动物精神"——译者注）。除此之外，他的弟弟弥之助的战略性贡献也值得肯定。在哥哥弥太郎年仅 51 岁去世之后，弥之助担起了重任。他实施

---

[1] 罗伯特·萨顿著，米仓诚一郎译：《为什么这个人会不断地提出好点子？》（ロバート・サットン『なぜ、この人は次々と「いいアイデア」が出せるのか』），三笠书房 2002 年。

[2] 既视感，英文直用法文词 déjà-vu。在心理学中，既视感指对于未曾体验的事情，有似曾相识的感觉。——译者注

了海运事业的前方、后方统合战略,并录用了大量人才,赋予他们自主权去开拓新事业。"从海洋到陆地"的战略转型,也是在弥之助的主导下完成的。

投资人力资源,把经营权交给这些人。三井和三菱在挖掘人才和充分授权方面,不输于任何其他企业。

再次强调,"财阀"这个听上去枯燥乏味的名词,是在无数看得见面孔、活生生的企业家的创造力和想象力的推动下形成的。

＊　　　　＊　　　　＊

21 世纪的日本,暗流涌动。快速铺开的全球化下,作为反弹,出现了孤立主义的苗头。这些情况和幕末殖民化危机、攘夷运动等十分相似。日本所面临的财政恶化问题、确立自主外交的问题,也都和明治初期的情况重叠。

面对这种局面,现在的政治家、官僚还和前人一样,抱有相同的危机感,并在积极探索吗? 现代的高岛秋帆和大隈重信在哪里?

同时,日本的大企业的经营业绩一直难以改善,停滞十分严重。企业的新陈代谢放缓,位居市价前 10 位的,依然是那些传统行业以及公团公社的民营化企业。[1] 日本的大企业集团的经营局限性已十分明显,却没有人有勇气去推动组织创新。

回顾历史,在变革的混乱期,三井抛开自身的傲气,把未来托付给

---

[1] 米仓诚一郎:《企业的新陈代谢和热血企业家的辈出》,《一桥商业评论》(「企業の新陳代謝とクレイジー・アントルプルヌアの輩出」、『一橋ビジネスレビュー』),2017年第 64 卷第 4 号。

新兴商人。遭受无端歧视的弥太郎把不满转化为昂扬的企业家精神，由此开拓了一番事业。这些财阀组织，不是因循守旧的产物，而是前人创新的结果。

日本的基础研究力有减退的危险，这给科学家和技术人员敲响了警钟。一百年前，"把科学应用到实践中去"、建设"自由的乐园"的气概哪儿去了呢？特别是对研究经费的削减、自由度的削减，令人愤慨。日本只有人力资本，对知识的投资一旦松懈，未来是黑暗的。

高峰让吉曾经这么说过：

> 一两千万的资金只是最新型军舰——无畏型战列舰一艘的价格。(中略)无畏型战舰在国防上有用，但其势日衰一日，过了一定的年月，就成了废舰。投资研究所的话，最初可能见不到很大的成果，但会随着时间而进步。战舰成为废舰之时，研究所可能已经有了让世界震惊的大发明。所以，这些捐款不单单是捐款而已，这些资金可以得到永久的活用。只要研究所在，只要有贡献于社会的发明，就会长久地活用下去，发挥作用。

现在的日本，在中央财政预算中，国防支出几乎与教育经费支出持平了。面对这种形势，高峰的话着实值得今天的我们好好回味。

本书是对近代日本"创新性回应"的一次检验，记录了代表性的创新者以及他们跃动感十足的经历。这种记录不是为了过去，而是为了将来。

读完本书,我们不难发现：说日本人没有创新性,这无疑是一种误解。但这种"创新性回应"现在是否还在继续？我们需要和历史好好进行对话之后,再作回答。

后　记

"这是你的处女作啊。"研究生时期，我正在写论文，一个学长这么说。当时我想："这不可能。"三五年后发现，竟然是真的。我的处女作是 1982 年发表于《一桥论丛》的《政府士族授产政策和小野田水泥》。

当时完全没想到士族授产是这么富有创意的政策，也没有意识到小野田水泥真正的研究价值，以及创业者身上的反骨精神。这回写作前，再次进行了调查，才意识到其中蕴含的"创新性回应"，产生了强烈的共鸣，并深受感动。

同一现象换种视角看，会有全新的印象。也有历史学家说过："历史，不存在客观史实。"我一直认为这种观点不对。但 1999 年写作《经营革命的构造》（岩波书店）一书时，我开始认同这一观点。我在结语中是这么写的（同上书，252—253 页）：

> 历史是主观记述。由于人的认知局限性，不可能完整再现过去的所有事象。而这恰恰是历史研究有趣的地方。在无穷的事象中拾取若干片段展开分析，这一过程也是历史学家自身所持历史观的展现过程。历史研究，其实就是在相互竞争观点的新颖性或者资料的扎实性。

　　我本人不好读书,尤其是大部头的著作。但不知什么原因,我喜欢记录历史。因为历史是人创造的,历史写作是主观意志的展示。本书的题目是历史,其实写的是作者的历史观。所以,我在写作过程中非常开心。

　　我现在常被叫作"创业伯伯"或者"办社会企业的伯伯"。但我的本职工作是研究者,我的研究履历的起点是历史。大学三年级的时候,我参加了佐佐木润之助教授的讨论班,感受到了历史的趣味,于是,开始着手调查了小野田水泥以及三井物产等案例。从这个角度说,本书是学生时代的作业的延续,一点点积累素材后,直到今天才完成。

　　本书的记述止于战前。日本的战后是从财阀解体开始的,也有不少令人兴奋的创新性回应的事例,比如川崎制铁的西山弥太郎等。作为本书的姐妹篇,我应该把战后篇也写出来,但也许要再等 40 年了……

　　决定写这本书,并开始认真构思全书,是 2000 年写完《经营革命的构造》之后。我和岩波书店的编辑齐藤公孝君约定"再出一本"。计划从"高岛秋帆"开始写起。那时候,想到什么就会写在稿纸上。

　　不过,从那时起,我受"硅谷"的影响和鼓舞,成了"创业伯伯",没有足够的时间坐下来好好写作。而且,齐藤君调职去了 NTT 出版社,而我在孟加拉国遇到穆罕默德·尤努斯博士(格莱珉银行的创办者),又成了"办社会企业的伯伯"。心想,这本书的命运大概就此终结了吧。正在这时,就像俗话说的那样:天无绝人之路。上帝关上一扇门,必然会另外打开一扇窗。东洋经济新报社的佐藤敬君出现了。

　　2015 年,东洋经济新报社创立 120 周年之际,我受邀去纪念研讨会上演讲。佐藤君是我们一桥大学"创新研究中心"的机关刊物《一桥商业评论》的责任编辑,我对他说:"我有一些零零散散写就的历史书的原稿。"听者有心,佐藤君热情地回答道:"我也喜欢历史。可以让我拜读一下吗?"于是,我把手头正在写的"高岛秋帆"的原稿给了佐藤君,他的评价还不错。好险,差点就要被丢到垃圾桶里去的原稿就此复活了。命运还真是不可思议。谢谢你,佐藤君!

在东洋经济新报社担任过出版局长的大贯英范先生也帮过我很多忙。从 2000 年起,《一桥商业评论》在东洋经济新报社出版,大贯先生给予了大力支持,他是恩人,也是战友。那时候,我担任杂志的主编。我对他说过:"大贯先生有生之年,我争取在东洋经济新报社出一本书。"这是一个不算约定的约定。现在我能履行这个约定,感到很开心。借此机会,我还要向负责杂志出版的中山英贵先生、佐佐木浩先生、胜木奈美子小姐,以及远藤康友先生表示深深的谢意。

这本书是我作为一桥大学创新研究中心专任教授的最后的工作。距离现在四十四年前的三月,我参加了一桥大学的入学考试。先是作为学生在一桥大学学习了九年,然后作为教员又在一桥度过了三十五年的时光。岁月悠长啊。当然,其中也有不少危机和考验。

但是,因为得到了好老师、好朋友、好学弟的帮助,我安然走完了全程。今年三月二十三日,我领到了一桥大学颁发的写有"永年勤续"(长年不间断地在同一公司或者单位工作——译者注)的奖状。上面写着:"长年在本校工作,尽忠职守。"参加这个典礼的,只有我一人是教官,于是被指名进行答礼演讲。

"永年勤续是事实。但是,要说尽忠职守,这不太好说。也许,说'吃闲饭'更接近事实吧。但是,我要对一桥这种允许吃闲饭的大学表示最大的谢意。因为大学必须是自由的。"

我所在的一桥大学创新研究中心也称得上是一个"自由的乐园"。1982年,我作为助手进入该所,三个月后研究所允许我赴美留学。回国后,允许我自由自在,随心所欲地开展研究活动。多少遭到过一些人的白眼,但是"快拿出成果来"这样的话,没听到过。

想要什么书都可以买来,无论邀请哪位嘉宾来上课都可以。世界上随便哪里,想去就去。留学生的接收也是遵照本人的意愿,想接收多少都可以。不但是本校学生,外校学生也颇受照拂。其中,受益最大的当属早稻田大学的税所笃快君。

本书经历了一系列曲折,能够顺利出版,要感谢创新研究中心的支援体制室和事务体制室。这么好的体制,别处难寻啊。保障研究者的自由,并提供丰富的资金,这一点在日本越来越难。国家如果对投资教育犹犹豫豫,会有未来吗?

请允许我向我的前辈们表示深切的谢意。他们是:今井贤一先生、野中郁次郎先生、宫原谆二先生、长冈贞男先生、西口敏宏先生,以及同僚武石彰先生、延冈健太郎先生、沼上干先生、江藤学先生、榆井诚先生、青岛矢一先生、楠木建先生、冈田吉美先生、轻部大先生、清水洋先生、大山睦先生、Joel Malen先生、Kang Byeongwoo先生等。

我还要感谢研究支援室的诸位:森本典子、田中裕子、小贯麻美、庄司浩子、森川纯子、米元みや(读音:Miya)、志水まどか(读音:Madoka)等各位,这些年来我受到大家太多的关照,感激不尽。还有事务体制室的高取已喜男、中俣隆、小林智寿子各位,以及我们的"大藏大臣"渡边纱千子、"财务大臣"池龟奈津美两位,要表示特别的感谢！无论是多么棘手的难题，你们都能帮助解决。这样的国立大学事务局，其他地方还找得到吗？

感谢参加过我的研讨班的诸君。他们是：过去的研究生、现在一桥大学同僚岛本实君和清水洋君，以及川合一央、Jongho Choi、宫崎晋生、稻山健司、生稻史彦、平尾毅、帕特那利·斯利斯帕拉昂、星野雄介、Eyo Shiaw Jia、堀峰男、伊藤辉美、郭白颖、Abdul Maheen Sheikh、Kim Seongmi、中尾杏奈、金东勋、周芳玲、Prajakta Khare、巴拉雅·穆恩、Jafar Saleh、周竞驰等诸君。

学院新城（Academyhills）[1]的日本元气塾的盟友们，我也要感谢你们。故藤卷幸大先生，以及高岛郁夫、奥山清行、隈研吾、远藤谦、为末大、藤森义等诸位先生，为了日本的未来，经常在百忙之中抽出时间。历代事务局的成员礒井纯充、西山有子、熊田ふみ（读音：Fumi）子、吉冈优子、佐野淳子、河上惠理、津田真美子、下川明美、佐藤茜、齐藤多美子各位，你们是支撑元气塾的最强团队。还有，已经超过400人的毕业生们，想对你们说：一切都刚刚开始。

南非比勒陀利亚大学的日本研究中心、非洲象和非洲犀牛保护组织——"非洲象的眼泪"的朋友们也不能忘记。自然，还有在日本和非洲之间架设桥梁的长田雅子、山胁爱理、龙田明日香、今泉木绵子、大龙英里、冈本丸茂、村上绫野、柳濑绫子、伊藤正芳、大平一郎、小仓教太郎、森边一树、渡边光章、佐藤雅彦等诸君。

---

[1] 学院新城（Academyhills）的历史可以追溯到1988年的"都市之弧"项目，这是"森大厦"公司的文化教育事业。面向社会开设都市计划、时尚、新媒体、技术、因特网、商务·经营等各类课程，举办各类讲座，也提供会议设施。"森大厦"的这项文化教育事业与创始人森泰吉郎曾担任过大学教师有关。——译者注

支持我创业、创新的朋友们组成了"受害者协会"[1]，感谢各位。在教育领域发起革命的宫地勘司君、设立桃花航空的井上慎一君、在建筑业界进行革新的大竹弘孝君、松下的马场涉君、HDE 的小椋一宏君、Freee 的佐佐木大辅君，还有日本 NPO 中的佼佼者——TEJ 的松田悠介君、跨界（Cross Fields，一家帮助派遣员工的机构）的小沼大地君、电子教育（e-Education）的税所笃快君和三轮开人君、人才培育机构（sodateage.net）的工藤启君和井村良英君、日本慈善协会的高桥阳子小姐和加势川佐记子小姐，以上各位，你们代表了日本的未来！同时，长期以来捐助大量钱款给这些 NPO，支持年轻人事业的矢岛澄子女士和川口伸健先生，也要感谢你们！

东京电视台的《未来世纪 Japan》节目组给我们打开了新的世界之窗。福田裕明、大久保直和、川口尚宏、桧山岳彦、清水升、羽田安秀、向山麻子诸位，感谢你们带来的节目和惊喜。

还要感谢最近很红火的摇滚乐队"寻找克兰伯里"（The Searching Cranburys）的首席演奏铃木博文、向井久、宫本惠介等弟兄们，你们是我的活力源泉！

最后，感谢不知所以然的"米仓组"。他们是：宫田和美、エディー（读音：edei）操、宫地勘司、伊江昌子、铃木亮、松田勋、山本沙纪各位，以及同僚、经理，也是学生的下川明美。没有你们，不可能有这么多有趣的企划。非常、非常感谢！

在众人的帮助之下，本书才得以完成。书中谬误之处，由作者米

---

[1]　这是米仓先生的玩笑话，按米仓先生自己的说法，这是一个"受到米仓的煽动、不断进行挑战和创新的人组成的团队"。——译者注